戦後保守言論界のリーダー

清水幾太郎の新霊言

RYUHO OKAWA
大川隆法

まえがき

この夏も厳しい闘《たたか》いが続いている。政治的には、日本は国防の危機に直面しているが、理想論的左翼《さよく》平和論者たちが、国防態勢の強化集団を、〝ファシズムの亡霊〟のように退治《たいじ》しようとしているといってよかろう。

どちらサイドであっても、自分たちが生き延びられるという意味での「愛国主義」ではあるのだろう。

しかし、社会学者・清水幾太郎《しみずいくたろう》が天上界から斬《き》りおろしてくる剣は厳しい。正義を論ずるより先に、「日本よ、滅亡か？　核武装か？」肚《はら》を決めよというのである。

かつて、朝鮮半島を戦わずして併合し、ほぼ中国全土を制圧した大日本帝国陸軍の強さは圧倒的で、戦後、米韓合同軍が北朝鮮・中共連合軍との朝鮮戦争で大被害を出したのとは比べものにならない。

その日本が、小国・北朝鮮の核とミサイルにおびえている。

ハーバード流の、先の大戦は「民主主義国 対 ファシズム国の戦い」だった、という国際政治学は間違っているので捨て去るがよい。

米国が核爆弾を落としてまで日本を敗北に追い込んだ結果、スターリンのソ連邦、毛沢東の中共、金日成《キムイルソン》の北朝鮮などの、共産主義的全体主義国家を産み出し、長い長い冷戦が続いているのである。

高天原《たかまがはら》の神々も危機に直面している。国民に「愛国心」「祖国《そこく》防衛の意志」がなければ、この国は、かつての通商国家カルタゴのように、滅亡に直面している。その思いが、国内に天変地異《てんぺんちい》として既《すで》に現れてきている。

本書は、保守側の人たちから、左翼側の人たちまで幅広く読んでもらいたい。これが現代の頼山陽《らいさんよう》の、現代的「日本外史《にほんがいし》」であり、政治・外交・軍事に対するテキストでもあるからだ。

二〇一七年　七月二十一日

幸福《こうふく》の科学《かがく》グループ創始者兼総裁《そうししゃけんそうさい》

大川隆法《おおかわりゅうほう》

戦後保守言論界のリーダー　清水幾太郎の新霊言　目次

戦後保守言論界のリーダー　清水幾太郎《しみずいくたろう》の新霊言《れいげん》

二〇一七年七月十九日　収録
幸福の科学　特別説法堂《せっぽうどう》にて

1　渡部昇一《わたなべしょういち》氏の一世代上《ひとせだいうえ》のオピニオンリーダー　17

「霊言現象《れいげんげんしょう》」とは、あの世の霊存在の言葉を語り下ろす現象のことをいう。これは高度な悟《さと》りを開いた者に特有のものであり、「霊媒現象《れいばいげんしょう》」（トランス状態になって意識を失い、霊が一方的にしゃべる現象）とは異なる。

なお、「霊言」は、あくまでも霊人《れいじん》の意見であり、幸福の科学グループとしての見解と矛盾《むじゅん》する内容を含《ふく》む場合がある点、付記しておきたい。

戦後保守言論界のリーダー 清水幾太郎《しみずいくたろう》の新霊言《れいげん》

二〇一七年七月十九日　収録
幸福の科学 特別説法堂《せっぽうどう》にて

清水幾太郎《しみずいくたろう》（一九〇七～一九八八）

日本の社会学者、評論家。東京都生まれ。東京帝国《ていこく》大学文学部社会学科卒。学習院大学教授などを歴任し、「六〇年安保《あんぽ》」の際のオピニオンリーダーの一人であったが、左翼《さよく》から保守に転向し、一九八〇年執筆《しっぴつ》の『日本よ 国家たれ―核《かく》の選択《せんたく》』（文藝春秋刊《ぶんげいしゅんじゅう》）において、日本の核武装を主張した。語学に堪能《たんのう》であったことでも知られる。著書に『論文の書き方』（岩波新書）等がある。

質問者 ※質問順

酒井太守《さかいたいしゅ》（幸福の科学宗務《しゅうむ》本部担当理事長特別補佐《ほさ》）

久保田暁《くぼたさとる》（幸福の科学常務理事 兼《けん》 宗務本部庶務《しょむ》局長 兼 財経局長）

上村宗資《かみむらそうし》（幸福の科学宗務本部庶務局チーフ）

［役職は収録時点のもの］

1　渡部昇一《わたなべしょういち》氏の一《ひと》世代上のオピニオンリーダー

今の時代に「清水幾太郎《しみずいくたろう》の思想」を勉強することの意味

大川隆法　社会学者の清水幾太郎《しみずいくたろう》先生のことが、昨日《きのう》（二〇一七年七月十八日）あたりから気になってき始めました。

　この人の霊言集《れいげんしゅう》（『核《かく》か、反核か――社会学者・清水幾太郎の霊言――』〔幸福の科学出版刊〕）を五年前に出したことがあるので、「どこにあったかな」と思い、昨日あたりから二日ほど探したのですが、なかなか見つかりませんでした。私の著書が多すぎて、

『核か、反核か―社会学者・清水幾太郎の霊言―』（2012年9月、幸福の科学出版刊）

どこにあるのか分からなかったのです（笑）。

本の題が『核か、反核か』（前掲《ぜんけい》）なので、見ても（「清水幾太郎の霊言」だと）分からなかったのかもしれません。

少し前に、（大川家の）三男の大川裕太《ゆうた》が、東大で、学生から「清水幾太郎の本（『核か、反核か』）がよかった」というようなことを言われたそうです。そういう話を聞き、「ああ、そうか。今ごろ、それを読んで、そう思う人もいるのか」と思いました。それが少し頭にあったことはあったのです。

この人は、簡単に言えば、「渡部昇一《わたなべしょういち》先生の一《ひと》世代前、一つ上の世代のオピニオンリーダー」と思っていただければよいのではないかと思います。

『核か、反核か』という本のなかに、この人の全体の思想、枠組《わくぐ》みや仕事が分かるように解説されているので、こちらも、できたら参考にしていただければと思います。

今は、この人のことを勉強しようと思っても、適当な参考書はなかなかなく、だいたい古本しかありません。

（この人の）古本はかなり傷《いた》んでいるので、私は、古本をコピーしてもらい、それを製本したものを読むようにしています。そうしないと、体がむず痒《がゆ》くなるほど、紙魚《しみ》がたくさん付いているものが多いので、「この人は忘れ去られつつあるのかなあ」と思います。

しかし、今の時代に「清水幾太郎の思想」を勉強することは、一つ大事なことではないかと思うのです。「私や幸福の科学だけが独自に言っているように見えることのなかには、この人も言っていたことがある」ということを、できたら知ってほしいと思っています。

最初のころは、私のほうはそうは思っていなかったのですが、例えば、三島由《みしまゆ》紀夫《きお》は、「右翼《うよく》」のほうに見えましたし、「自衛隊に決起を促《うなが》したが、自衛隊員がせせら笑って動かなかったので、自衛隊の総監室《そうかん》で割腹《かっぷく》自殺をした」という凄惨《せいさん》な事件があったため、怖《こわ》くて彼の霊を呼べなかった時期がかなりありました。

しかし、思い切って霊言（『天才作家　三島由紀夫の描《えが》く死後の世界』〈幸福の科学出版刊〉）を録《と》ってみたら、「過去世《かこぜ》で●瓊瓊芸命《ににぎのみこと》だった」ということが出てきたりしましたし、きちんと天上界《てんじょうかい》に還《かえ》っていました。

瓊瓊芸命というと、「天孫降臨《てんそんこうりん》」の人であり、天照大神《あまてらすおおみかみ》の孫になっている人なので、皇室のあり方を考える上においては重要な方であったのではないかと思います。

　この清水幾太郎先生も、前回の五年前の霊言（二〇一二年八月八日収録）によれば、過去世は、頼山陽《らいさんよう》という名前で、『日本外史《にほんがいし》』を書いた方だということです。

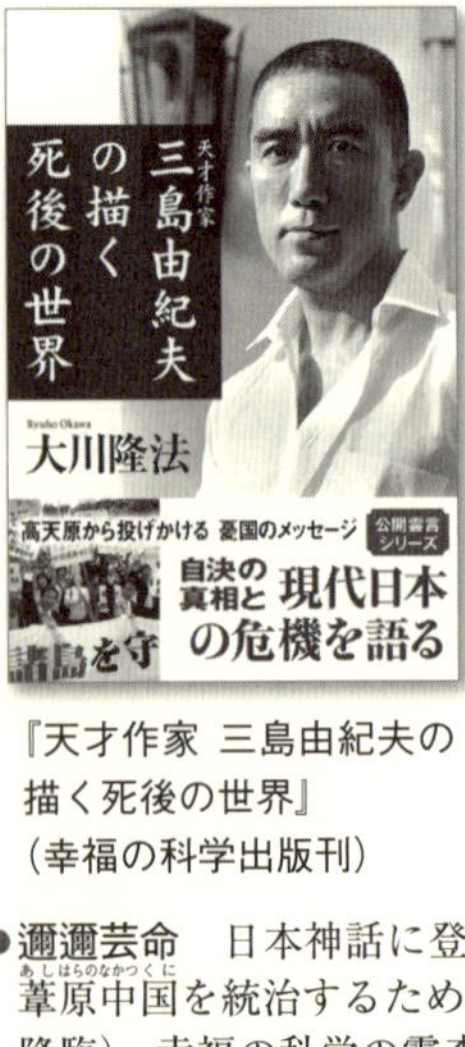

『天才作家　三島由紀夫の描く死後の世界』（幸福の科学出版刊）

●瓊瓊芸命　日本神話に登場する神で、天照大神の孫。天照大神の命により、葦原中国《あしはらのなかつくに》を統治するため、高天原から日向《ひゅうが》の高千穂の霊峰に天降った（天孫降臨）。幸福の科学の霊査により、瓊瓊芸命は小説家・三島由紀夫に転生していたことが判明した。『天才作家　三島由紀夫の描く死後の世界』参照。

『日本外史』については、日本史を選択《せんたく》した方以外は知らないかもしれませんが、「明治維新《いしん》を起こした幕末の志士たちで、頼山陽の『日本外史』を読まなかった人は一人もいない」と言われるぐらいの本です。

彼らはそれを読んで、日本の国の尊さを学び、「独立自尊」の気持ちを持ち、日本を植民地化しようとする諸外国に対して「攘夷《じょうい》思想」を打ち立て、「何とかして国防をしなくてはいけない」と考えました。それが、明治維新によって国を動かす大きな力になったと思うのです。

頼山陽（1780 ～ 1832）　江戸後期の儒学者、歴史家。大阪生まれ。18 歳のときに江戸に出て国史などを学び、後に京都で私塾を開く。著書『日本外史』は幕末の歴史観に大きな影響を与えた。（左）頼山陽像（画：帆足杏雨、京都大学総合博物館所蔵）、（右）寒岩枯木図（画：頼山陽、静嘉堂文庫美術館所蔵）

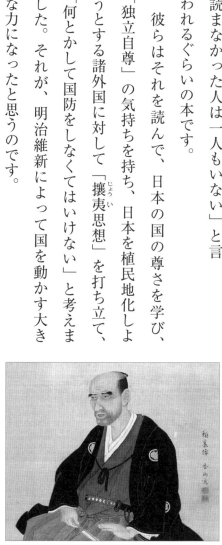

「六〇年安保《あんぽ》」のオピニオンリーダーの一人だった清水幾太郎

大川隆法　清水幾太郎という方がどういう方だったか、簡単に説明します。

戦後、一九六〇年に、第一次の「安保闘争《あんぽとうそう》」がありました。

「安保」と聞くと、今の人は、「安保法制」の話しか思い浮《う》かばないかもしれませんが、戦後、「日米安保（安全保障条約）」というものが結ばれました。これは、片務《へんむ》条約というか、対等な条約ではなく、「アメリカが一方的に日本を護《まも》る」という感じのものです。

その代わり、日本は再軍備等をしないことになり、憲法九条で、軍備の放棄《ほうき》や平和主義を述べています。これにより、「アメリカの核の傘《かさ》に護られて、日本は経済繁栄《はんえい》に突《つ》っ走る」という路線ができました。これができたのは吉田茂《よしだしげる》首相の時代です。

その「日米安保」の改定時期が、一九六〇年に来ました。当時は十年ごとぐらいに改定されるものだったと思うのですが、このとき、学生運動を中心に、ものすごいデモが起きました。

首相官邸《かんてい》もデモ隊に取り囲まれ、「警官隊が護り切れない」というようなことで、首相が「ヘリコプターで脱出《だっしゅつ》してください」と言われるぐらいの状況《じょうきょう》だったのです。

このとき、岸信介《きしのぶすけ》首相と弟の佐藤栄作《さとうえいさく》、後《のち》に首相になる人が、首相官邸のなかで酒を飲み交《か》わし、「ここで殺されるかもしれないなあ」と言っていたそうです。

要するに、夜中の十二時を過ぎたら自動改定になるので、脱出を勧《すす》められてはいたけれども、兄弟で酒を飲み交わして官邸に居座《いすわ》ったわけです。そして、自動改定ができました。

ただ、官邸の外はというと、十万人を超《こ》えるデモ隊が官邸を囲み、革命前夜のような状態だったのです。

その当時のオピニオンリーダーの一人は、東大の政治学の丸山眞男《まるやままさお》教授です。そして、もう一人が社会学の清水幾太郎先生です。清水幾太郎先生は学習院大学の教授をやっておられたと思いますが、当時の考えは、どちらかといえば左翼系だったのではないかと思います。

この「六〇年安保」はなぜ起きたかというと、結局、次のようなことが言えます。

戦後、十五年たっていたのですが、戦争でアメリカを中心とする連合国に三百万人もの日本人が殺されました。沖縄《おきなわ》では悲惨な戦争もありましたし、当時は、沖縄はまだ返還《へんかん》されておらず、日本の国土ではなくて、アメリカに占領《せんりょう》されている状態であり、返還運動をやっていました。

一九七二年には「日中国交回復」が実現しますが、「六〇年安保」のころには、

●**丸山眞男**（1914 ～ 1996）　政治学者、東京大学名誉教授。左翼の論客として、1960 年の安保闘争の理論的リーダーでもあった。自身のゼミから多数の政治学者を輩出し、「丸山学派」と呼ばれた。主著は『日本政治思想史研究』『日本の思想』等。

日本はまだ台湾《たいわん》のほうと国交を持っていて、中国本土とは国交のない時代だったのです。

その日米安保に反対する運動をしていた学生たちと、その思想的リーダーたちの考えはどのようなものだったかというと、基本的には、完全な左翼というより、一部、愛国心もあったのではないかと思います。

日本はアメリカに負けたので、悔《くや》しい思いがあったでしょうし、「沖縄はアメリカに占領されて取られたままであり、日本各地に米軍基地がある」ということで、「アメリカ、出ていけ」という運動のようなものが始まっていたわけです。

国連による平和体制は「朝鮮《ちょうせん》戦争」によって破れた

大川隆法　また、米ソの「冷戦」も始まっていました。

『日米安保クライシス―丸山眞男 vs. 岸信介―』（幸福の科学出版刊）

先の大戦が終わる直前に国連の構想ができ、戦後、国連体制が発足《ほっそく》しました。五大常任理事国を中心にして運営することになっていたのですが、そのうちに、早くも「冷戦」が始まったのです。

その五大国とは、アメリカ、イギリス、フランス、ソ連、中国です。その五つのうち、ソ連と中国は共産主義国でした（注。国連発足時の常任理事国は中華《ちゅうか》民国、すなわち台湾だったが、一九七一年に中華人民共和国が国連に加盟し、台湾に替《か》わって常任理事国となった）。

戦後、国連によって世界の平和を保とうとしたのですが、常任理事国が自由主義圏《けん》の国と共産主義圏の国に分かれていたため、国連自体が機能しないような状態になったのです。

その象徴《しょうちょう》が、一九五〇年に起きた「朝鮮戦争《ちょうせんせんそう》」です。その始まりについて、北朝鮮の国内で撮影《さつえい》された映画では全然違《ちが》うように言われてはいるのですが、実際には、突如《とつじょ》、北朝鮮軍が韓国《かんこく》に攻《せ》め入《い》ったのです。

その前年の一九四九年には、中国で、毛沢東《もうたくとう》による革命政府が樹立されました。第二次大戦中、日本軍と戦いながら西へ西へと逃《に》げていた毛沢東が、日本が敗戦したことにより、戦後、革命を起こして、中華人民共和国を樹立したのです。

そして、一九五〇年には北朝鮮軍が韓国に攻め込《こ》みました。最初のころは韓国軍や米軍が戦いましたが、北朝鮮軍があまりにも強く、釜山《プサン》という、韓国の南端《なんたん》辺りにまで押《お》し込められ、韓国の全土を占領される寸前まで行ったのですが、国連軍を投入して押し返しました。

そして、「三十八度線」で休戦になったのです。

朝鮮戦争が起こったのは、一九五〇年です（休戦は一九五三年）。一九六〇年は、その十年後ですが、そのころには、共産主義のソ連や中国が力を持ってきており、「五カ年計画」や「十カ年計画」などがどんどん成功して、「社会主義、恐《おそ》るべし」という感じでした。

宇宙への進出はソ連のほうがアメリカよりも進んでいたため、ケネディ大統領が焦《あせ》り、「何とかして挽回《ばんかい》しなくてはいけない」ということで、「アポロ計画」を打ち立て、「人類を月に送る」ということを言いました。要するに、「社会主義のほうが先に行っている」と思われている状況の〝逆転〟を、それにかけていたのです。

ですから、当時、日本の国民のなかには、「社会主義のほうが進んでいるのではないか」と思っている人たちもいたわけです。

ただ、ソ連も同様ですが、中国では、毛沢東革命以降、内戦等で中国人が何千万人も殺されました。しかし、その事実は一切《いっさい》報道されず、外からは分からなかったので、当時、中国が「理想的な国家」のように思われていたのは事実です。

また、北朝鮮も、やはり同じように思われていたのです。

アメリカ軍は、朝鮮戦争において、北朝鮮軍と戦っているつもりでいたのですが、実は中国軍が南下してきており、知らずに、それとも戦っていた面もあります。

そういう意味で、「戦後の国連による平和体制は、もうすでに一九五〇年には破れていた」と言えると思うのです。

2 〝第三次安保闘争《あんぽとうそう》〟の今、清水幾太郎《いくたろう》の意見を聞く

「六〇年安保」で挫折《ざせつ》し、力を失った丸山眞男《まるやままさお》

大川隆法　「六〇年安保《あんぽ》」のころの日本は、戦後アメリカに占領《せんりょう》された半植民地状態になっていたので、国内には、「アメリカに出ていってほしい」という気持ちがあり、また、戦争に負けた悔《くや》しさもありました。

そのため、「中国やソ連についていったほうがよいのではないか」と思う勢力がけっこう強く、そういう人は特に知識人のなかに多かったのです。

当時は、岩波書店が出していて、国際政治についてよく書いている「世界」という厚い月刊雑誌が力を持っていました。この雑誌は、今では一万部もなかなか

売れないようですが、そのころには、それが力を持っていたのです。

また、朝日新聞にも、すごい力がありました。週刊誌「朝日ジャーナル」は安保運動のリーダーたちの〝バイブル〟になっていて、彼らはみな、それしか読んでいなかったのです（笑）。マルクスの『資本論』は難しくて読めないので、「朝日ジャーナル」を読み、活動していました。だいたい、そのような状態だったと思います。

そのころの言論人として、丸山眞男《まるやままさお》は自分をマルキストだと認めていたわけではないのですが、彼の言っていること自体は、その感じに近かったと思います。内容は社会主義的なものだったのです。

戦前というか、戦中に当たるのかもしれませんが、彼は東大の助教授をしていたのですが（注。就任は一九四〇年六月）、旧制一高在学中には、何かの集会に出ているときに、「共産主義の疑いがある」というようなことで警察に検挙され、留置場に放り込《こ》まれています。

そういうことがあったりしたため、丸山眞男には〝トラウマ（心的外傷）〟があり、心情的に「左」の応援《おうえん》をしていたのでしょう。

清水幾太郎は、ドイツ語ができたので、ドイツ社会学から入ったのですが、ロシア語やフランス語、英語もできるようになって、社会学を使いながら、言論人として伸《の》してきた方ではありました。

戦後、この二人はオピニオンリーダー的に活動していましたが、「六〇年安保」で挫折《ざせつ》しました。

その後、丸山眞男のほうは、何か力を失っていったような感じです。体も悪くなりましたし、（政治的な）運動、活動をあまりしなくなっていき、定年前でしたが、東大を早めに辞《や》めました。

当時の皇太子を進級させなかった清水幾太郎

大川隆法　清水幾太郎のほうは、獨協《どっきょう》中学のときからドイツ語を第一言語として学んでいたので、ドイツ語がすごく読めました。また、旧制高校のときにもかなりドイツ語が読める人でしたし、東大に入ってもドイツ語の原書が読め、ドイツ語の新刊本の書評を雑誌に発表していたぐらいでした。

当時は戦争中で、ドイツは、日本と連合というか、連盟していた国だったので、特に問題はなかったのでしょう。ドイツ語の本が読めすぎて、学生の身分でありながら評論を書いたりしていたのです。

それで、東大の研究室に残ったのですが、「教授や助教授よりもドイツ語が読める」ということで嫌《きら》われ、研究室から追い出されたような感じになりました。

その後、学習院大学のほうで教授をしていたときには、皇太子時代の今上《きんじょう》天皇が学習院に在学しておられたのですが、昭和天皇の名代《みょうだい》で、何カ月かかけて欧州《おうしゅう》等を訪問されたことがありました。当時は交通手段が悪かったので、数カ月もかかったのです。

その結果、皇太子は、「(清水幾太郎が担当していた)必修科目の出席日数が足りない」ということで進級できなくなりました。もっとも、周りは、「学習院なので、そういうわけにはいかないだろう。レポートか何かに替《か》えて、何とかして皇太子を進級させたほうがいい」と言って、必死に圧力をかけたのですが、清水幾太郎が頑《がん》として判子《はんこ》をつかなかったのです。

そのため、今上天皇は、とうとう中退のかたちで学習院を終えられ、以後、「学習院大卒」と書けなくなって、〝トラウマ〟等が残っていらっしゃるのではないかと思います。今上天皇は、戦後まもなくヴァイニング夫人等の教育を受けたりしたので、やや欧米向けの洗脳教育はお受けになっているのではないでしょうか。

その当時、清水幾太郎は左翼《さよく》だったので、皇太子を卒業させなくても構わないと思っていたのでしょうし、おそらく、天皇は倒《たお》されるべきだと思っていたのかもしれません。

保守に転向した清水幾太郎、消えていった丸山眞男

大川隆法　清水幾太郎は「六〇年安保」で敗北したあと、もちろん、革命のように国が引っ繰《く》り返る寸前まで行ったので衝撃《しょうげき》ではあったのですが、岸《きし》（信介《のぶすけ》）首相の退陣《たいじん》後、また学問の世界に沈潜《ちんせん》して、もう一回、勉強を深くし直しました。

そのときに、ロシア語もかなり読めるようになったので、ロシア語の百科事典まで全部通して読んでみて、「ソ連には社会学がない」ということを発見したのです。

要するに、現代的に言えば、「ソ連は、すでに社会主義の全体主義国家になっていた」ということでしょう。その当時、そんなことを言う人はいなかったのですが、自分でずっと文献《ぶんけん》を読んでいき、ソ連がそうした社会主義の全体主義国家になっていることを発見したのです。

それまで自分としては、理想主義で、「ユートピアが来る」と思って共産主義に近い考えを持っていたのですが、「これは間違《まちが》っているのではないか」と判断し、考えを変えたわけです。これは勇気あることだったと思います。

その後、清水幾太郎は、保守のほうに言論を変えて、天皇制の維持《いじ》や元号《げんごう》の法制化を推進しました。そして、最後は、保守派の言論雑誌にも巻頭言《かんとうげん》を書いたり、意見を述べたりしましたし、『日本よ 国家たれ――核《かく》の選択《せんたく》』というような非常に衝撃的なことも、一九八〇年ごろにはすでに言っていたのです。当時、私は、政治学を勉強している学生だったので、その衝撃の大きさを受け止めたと思っています。

ただ、清水幾太郎は、一般《いっぱん》には変節漢《へんせつかん》風に言われており、丸山眞男のように、消えていったほうが何かと美談にされることが多かったのです。

丸山眞男は、当時、本は二、三冊しか書いていなかったのですが、やたらと評価だけが高く、書評がたくさん出たりしていました。ちょっとしたものでも書評が書かれていて、朝日新聞の日曜版などを見ると、丸山眞男が書いた小文を集めたような本に対して、礼賛《らいさん》記事が出たりしていたのです。それも、「ピアノが分かる」とか、「西洋の音楽が分かる」とかいうようなことも礼賛記事のような感じで書かれていたので、首をかしげながら読んでいたのを覚えています。

私が見聞きした、七〇年安保のときの「東大紛争《ふんそう》」

大川隆法　なお、「六〇年安保」の次の「七〇年安保」のときには、東大入試が一回潰《つぶ》れている（一九六九年）のですが、まさか、そこまで行くとは思っていませんでした。

そのように、東大入試が潰れた年があって、翌年《よくとし》の東大入試がものすごく難しくなりました。また、その東大入試がなかった年には、京大や一橋《ひとつばし》大が難しくなったのですが、竹中平蔵《たけなかへいぞう》さんなどは、その年に一橋大に入学した人だと思います。

当時、テレビ中継《ちゅうけい》で、「東大安田《やすだ》講堂攻防《こうぼう》戦」の様子が放映されました。機動隊がホースで水をかけているのに対し、ヘルメットを被《かぶ》り、タオルでマスクをした学生たちが、安田講堂の上から投石《とうせき》したり、角棒で叩《たた》いたりしているところを映したもので、「あれが東大医学部の学生です」というコメントを聞いて、少しびっくりした覚えがあります。

私は、その余波がまだ残っているころに東大に入ったのですが、教授と学生との信頼《しんらい》感のようなものが、いったん断《た》ち切られたような感じになっていました。

図書館や数多くの研究室が閉鎖《へいさ》されたり、教授たちが出られないようにされたりした時代が長かったので、以前のような付き合いがしにくくなっていたころではあったと思います。

「七〇年安保」の東大紛争《ふんそう》のときには、加藤一郎《かとういちろう》という民法の先生が、体が大きかったために〝大《だい》カトー〟といわれていたのですが、「身長が百八十センチ、体重が八十キロあったので、〝ゲバ学生〟と戦うのにはよかろう」ということで駆《か》り出されて、総長代行をやっていたのです。

私は東大でその人の民法の授業を聴《き》いたのですが、愚痴《ぐち》から始まっていました。

「私は、学者としていちばん大事な時期に、総長代行として東大紛争に駆り出され、学生相手の団交（団体交渉《こうしょう》）ばかりやらされていた。おかげで、学者として重要な論文を書いたりしなくてはいけない、いちばん大事な時期に勉強ができず、こんなふうになってしまった」というようなことを愚痴りながら授業をしてくれ

●**“大カトー”**　ローマの政治家である大カトー（マルクス・ポルキウス・カト・ケンソリウス、前234～前149）から取った愛称。大カトーは、第二次ポエニ戦争終結後、「それでもカルタゴは潰さねばならない」とカルタゴの脅威を訴え続けた。曾孫であるマルクス・ポルキウス・カト・ウティケンシスは小カトーと呼ばれる。

たのを覚えています。

そのときに〝大カトー〟先生が言っていたのは、「当時、法学部の法律の先生と政治学の先生が集まって参謀《さんぼう》本部をつくり、教授陣で戦略を練っていた。それは、『学生とどう戦うか。明日《あした》はどういう戦いになるか』といったもので、本当にお城の攻防戦のようになっていた」という話でした。

また、「学生が角材を仕入れているルートを突《つ》き止め、何本仕入れたかまで調べて、『明日、学生が何人で攻《せ》めてくるか』を割り出して準備していた。ところが、角材が長かったので、半分に切って学生が来た。そのため、学生の数が倍になり、『計算を失敗した』と怒《おこ》られたりした」というようなことを授業で語っていたのを覚えています。

そういう意味では、民法の授業になっていないのですが、そのような〝戦争〟をしていた大学紛争のときの話をされていたのを覚えています。そんな時代に、私は学生時代を送りました。まだ少し、大学紛争の余波が残っていたころです。

日米の弱体化および国際情勢の諸問題がはらむ危険性

大川隆法　ともあれ、清水幾太郎先生は、正反対の右翼のほうに移られ、「国体護持《ごじ》」ということで、アメリカ寄りの発言をなされて、「核の選択もすべきだ」ということまで言い始めたので、それに対しては、やや冷《ひ》ややかな言論が多かったと思います。

ただ、そのように、意見を変えてでも、学問的裏付けまで掘《ほ》り下げて意見を言っておられた姿勢には、孤高《ここう》の人ではあったものの、「自分が間違ったのであれば、生きている間にそれを正したい」という気持ちがあったことは事実でしょう。

その意味で、「反安保の運動」も、逆に「反共産主義運動」も、彼にとっては、共に「愛国の精神」だったのではないかと私は思っています。

今朝《けさ》もこの本（前掲《ぜんけい》『核か、反核か』）を読み直してみたのですが、現在の日本が抱《かか》えている問題、あるいは、国際情勢として抱えている問題は、おそらく、清水先生が問題意識として持ち続けておられたもので、今でも発言される内容だと思うのです。

今、八年前から幸福実現党が警告しているとおり、北朝鮮《きたちょうせん》の弾道《だんどう》ミサイルや核の開発が進んで、春以降、日本は非常な緊張感《きんちょう》に襲《おそ》われています。

ところが、安倍《あべ》政権は、急速に、周りの大臣や議員の問題発言等を取り上げられて攻撃されています。あるいは、都議選でも、自民党が敗北して、安倍政権の支持率は三十パーセント台ということになっていますし、いちばん厳しいものとしては三十パーセントを切っているものも出ていました。

同じころに、アメリカのトランプ大統領も、やはり、安倍さんと同じく三十六パーセントぐらいの支持率が出たりしています。これは、アメリカの大統領としては異常に低い支持率で、マスコミを敵に回している状態でしょう。

この状態で、北朝鮮は、「弾道ミサイルを撃《う》ち、核の開発を進めている」という段階にあります。しかし、軍事態勢を進めていたと思われる安倍政権は極度に弱体化し、トランプ政権も、マスコミに対して「フェイク（偽物《にせもの》）だ」と言い続けたため、敵が多く、アメリカの大統領としては非常に支持基盤《きばん》が弱い大統領になっていて、独裁者風に言われたりもしているわけです。

また、世界的な問題としては、「ロシアが、ヨーロッパに属さないような動きを『ウクライナ問題』その他で見せていること」や「イギリスがEUからの独立運動を起こしていること」等が挙げられます。また、「イスラムのテロがヨーロッパのほうにまで襲ってきていて、アメリカも警戒《けいかい》している」といった問題もあり、今後の世界の統一性や合理的基準を維持するには非常に危険で、どうなるか分からない状況《じょうきょう》が続いています。

そういうわけで、トランプ政権が意外に弱体化してしまった場合には、「核を持たず、他国を攻撃する戦略的兵器も持っていない日本」にとっては、国防の問題も憲法改正の問題も、もはや暗礁《あんしょう》に乗り上げる可能性が高いような状況が来ています。

これに、かてて加えて、八月十五日には、戦後七十二年の終戦記念日を迎《むか》えますが、おそらく、広島や長崎《ながさき》の「原爆《げんばく》の日」には、「反原発・反原爆」および「反戦・平和」運動が盛り上がるはずです。

そのように、「北朝鮮がどんどん核やミサイル開発を進めているなかで、日本だけが『反戦・平和・反原発』を言い続け、また、アメリカが衰退《すいたい》していく」というようなことがあった場合に、この先、どうするのか。ここのところが非常に難しいところでしょう。

特に、今、安倍政権を弱体化させているマスコミと、それを下支えしている国民の運動には、かつての安保闘争の学生たちと同じような気分があるだろうと思われます。したがって、沖縄《おきなわ》の米軍基地反対運動をしている人たちと同じ気持ちが流れているのではないでしょうか。

そういう意味で、今は安保制度を変えてアメリカと共同防衛ができるようになっているわけですが、これに対する〝第三次安保闘争〟が始まっているようにも見えなくもありません。

社会学者・清水幾太郎を招霊《しょうれい》し、日本と世界の選択《せんたく》について訊《き》く

大川隆法　さて、こうした混沌《こんとん》とした状況のなかで、日本はどうあるべきなのか。あるいは、世界はどうあるべきなのか。社会学者として、さまざまな言語を駆使《くし》して世界を観《み》られた清水幾太郎先生は、今なら何とおっしゃるか。渡部昇一《わたなべしょういち》先生まで帰天《きてん》された今、そうした目で観ることのできる人が日本では見当たらないの

で、ご意見を頂ければと思います。

また、先ほど、清水先生が今上天皇の学習院時代に卒業を認めなかった話に触《ふ》れましたが、その今上天皇も、生前退位されることが法律的に決まったので、平成は三十年ぐらいで終わりになる予定です。清水先生はこれにも関係があったので、社会学者の立場から、日本の全体的な感じや国際情勢について何か言ってくださるかもしれません。

前置きが長くなりました。この本（前掲『核か、反核か』）も併《あわ》せてお読みいただければと思うのですが、発刊されてから五年ほどたっているので、その間の情勢を踏《ふ》まえた上で、今年の夏以降に再燃してくるであろう問題について、ご意見を伺《うかが》えれば幸いです。

それでは、社会学者・清水幾太郎先生の霊《れい》をお呼びいたしまして、今後の「日本の選択《せんたく》」あるいは「世界の選択」について、ご意見等を伺いたいと思います。

清水幾太郎先生よ。清水幾太郎先生の霊よ。

どうぞ、幸福の科学に降りたまいて、その心の内を明かしたまえ。

（約十秒間の沈黙《ちんもく》）

清水幾太郎（1907 ～ 1988）
東京帝国大学文学部社会学科に在学中から、フランスの社会学者オーギュスト・コントの研究に取り組む。同大学助手などを経た後、第二次世界大戦中には読売新聞社の論説委員を務めた。その後、『社会学講義』や『社会心理学』などを執筆。日本の社会学研究に多大な影響を与えるとともに、基地闘争や 60 年安保闘争においては市民運動の先頭に立ち、「進歩的知識人」の代表と評された。しかし、安保以降は、マルクス主義的な歴史観との決別を表明。憲法改正や核武装を唱えるなど、大きく右寄りに旋回したことは思想界に衝撃を与えた。さらに、1980 年に出版した『日本よ 国家たれ――核の選択』では、平和運動や戦後民主主義そのものを批判。日本の自主性、独立性を強く訴えた。日本語の優れた書き手としても知られ、『論文の書き方』『私の文章作法』などが長く読み継がれている。

3　日本国民には「滅《ほろ》びる覚悟《かくご》」があるのか

防衛費を安く済ませて高度経済成長をした日本

清水幾太郎　うん……。ああ。

酒井　清水先生でいらっしゃいますか。

清水幾太郎　うん。ああ、久しぶりだな。

酒井　ええ。五年ぶりにまたお越《こ》しくださり、ありがとうございます。

清水幾太郎　あれ？　君は（以前の霊言《れいげん》収録のときに）いたかな？

酒井　ええ。五年前にも質問をさせていただきました。

清水幾太郎　うん。いたなあ。相変わらず若いな。若々しいじゃないか。

酒井　ありがとうございます。

清水幾太郎　うん。大したもんだ。

酒井　先生も若々しいというか……。

清水幾太郎　いやいや。私は、もう無限の年を取っておりますが。

酒井　当時、清水先生をここにお呼びしたときは、民主党政権の時代で野田佳彦《のだよしひこ》氏が首相だったと思います。当時は反原発運動が大きく盛り上がっていました。また、世界的には、習近平《しゅうきんぺい》氏がまもなく総書記になろうとしていた時期でした。

清水幾太郎　うん、うん、うん。

酒井　その後、民主党政権から自民党政権に戻《もど》って、情勢も多少変わったかなと思っていましたが、ここに来て安倍《あべ》政権がぐらつき始めました。アメリカの大統領はオバマ氏からトランプ氏に替《か》わったわけですが、そちらも弱い状態です。

そして、それに乗じるように、北朝鮮《きたちょうせん》の核《かく》問題も状況《じょうきょう》が悪化してきました。

そこで、まず最初にお訊《き》きしたいのは、北朝鮮問題の状況について、清水先生はどのような見通しを立てていらっしゃるのかということです。日本やアメリカ、また、それ以外の国際的なレベルからも、ご意見を賜《たまわ》れれば幸いです。

清水幾太郎　まあ、世界に広げると話は難しくなるから、日本国民に対して言うとすればね、「滅《ほろ》びる覚悟《かくご》はあるのかい?」っていうことを言っときたいね。「滅びる覚悟」があるなら、それは一定のイデオロギーに固執《こしつ》して、こだわってやってもいいだろうと思うけど、「君たちには滅びる覚悟ができているのかどうか」、私は訊きたいね。

例えば、先ほど言ってた三島由紀夫《みしまゆきお》の自衛隊占拠《せんきょ》事件っていうようなのは、昭和四十五年ぐらいだったかなあ?　で、割腹《かっぷく》自殺してねえ、あれを〝自衛隊員が笑った〟ということだからね。
まあ、「自衛隊はこのままではいけない。軍隊としてちゃんと立たなければいけないし、日本は国家として立たなくてはいけない」っていう檄《げき》を飛ばしたけど、自衛隊もまったく動かなかったし、世論《せろん》も動かなくて空振《からぶ》りに終わったわけだな。
昭和四十五年だから戦後二十五年ということで、戦後二十五年ということは……。

酒井　一九七〇年です。

清水幾太郎　七〇年になるか？　そのくらいか？　計算上はそうか。
まあ、私が『日本よ　国家たれ――核の選択《せんたく》』っていう本を出したのが一九八〇年ぐらいだったと思うけどね。一九八八年まで生きて、八十一歳《さい》でこの世を去っとるんだが。
もし、三島の言うとおり、自衛隊が軍隊になるような動きをしており……。
だから、七〇年ごろに「楯《たて》の会」の三島の決起で、日本の自衛隊は軍隊として
もうちょっと自覚を持ってもらい、八〇年に、『日本よ 国家たれ――核の選択』
で私の言ってることを聞いて、国体がそちらの方向に動いておれば、おそらくは、
中国も北朝鮮も怖《こわ》くない体制はできていただろうな。
そのとき、高度成長に浮《う》かれて自衛隊は放置された。要するに、防衛費が安く
済んでいたわけだ。当時、GNP（国民総生産）の一パーセント以内で収まって、
先進国のなかではかなり低い数字になっていた。これで経済に専心できて、日本
は高度成長できて、六〇年代にはほとんどのヨーロッパの国を抜《ぬ》いて、世界第二
位の経済大国になったと。
だから、（戦後すぐの）〝吉田茂《よしだしげる》のドクトリン〟は大成功だったと。憲法九条を

盾《たて》に取って、逆に、武装は軽武装にして、経済だけで立国するっていうのが大成功したと。池田勇人《いけだはやと》の政治（在任一九六〇～一九六四年）も相《あい》まってね。

まあ、そういうことで、日本人自体が戦後の成功を疑っていない時期だったわねえ。そういうときに、「核の選択」なんて言ってる私は、『或阿呆《あるあほう》の一生』みたいな感じで、「老人ボケしたんだろうなあ。安保《あんぽ》で挫折《ざせつ》して、そうなったんだろうな」ぐらいにしか思われてなかっただろうけど、その八〇年代のバブルが、やがて十年後に潰《つぶ》れた。

　今、半分は帝政《ていせい》を目指しているロシアと、一党独裁の中国

清水幾太郎　それから、九〇年代にはソ連が崩壊《ほうかい》して、やっと情報が入るようになって、メディアに公開されて、言論の自由が導入された。

あのときは、額《ひたい》に斑点《はんてん》のある男……、ゴルバチョフだね。ゴルバチョフは（ソ

連の）最初で最後の大統領になったけど失脚《しっきゃく》して、次にエリツィンが（ロシアの）大統領になって、それから、今、プーチンか？ ＫＧＢ出身の。

まあ、「元ＫＧＢのプーチンっていうのはいない」とも言われていて。「ＫＧＢは、いつまでたってもＫＧＢだ」っていうことで（笑）、「元はない」という話もある。まあ、諜報《ちょうほう》戦略は相変わらずやってるそうだけど、それがやってきて。

半分ぐらいは「民主主義」で、半分は、でも、ちょっと「帝政《ていせい》」を目指しているようにも見える感じで。半分は自由主義、民主主義的国家だな。

中国は、「中華《ちゅうか》人民共和国」と言って、建前《たてまえ》上は民主主義を言っているけども、一党独裁であることは間違《まちが》いない。まあ、ほかにもちっちゃな党はあるんだがな。そういう意味で、一党独裁で、反対は許されない状態になる。まあ、人民大会をやっても、もう「決まりの路線」同士のあれなんで、反対したら粛清《しゅくせい》される。

最近も、なんか、粛清されてるね？ 重要な政治局委員で重慶《じゅうけい》の書記、後継者《こうけいしゃ》

●ＫＧＢ　ソ連国家保安委員会のこと。1954年から1991年まで存在し、反体制運動の取り締まりなどを主な任務とした。ロシア大統領のウラジーミル・プーチン氏は、1975年、レニングラード大学を卒業後、ＫＧＢへ就職し、対外諜報部門で15年間勤務した後、1990年に退任している。

の可能性のあった人（孫政才《そんせいさい》氏）が、習近平に粛清されているようだし。また、習近平が、香港《ホンコン》に対して、「一国二制度」を言いながら、「反権力は許さない」みたいなことを言って。結局、「一国一制度」だよな、それじゃ。反権力を許さないんなら、二制度はないのと一緒《いっしょ》だから。まあ、そういうことをやっている。

だから、今、インターネットって言うんかなあ、そういうもので、書き込《こ》みとか検索《けんさく》とかいっぱいするんだろうけど、習近平を批判するやつは、あっという間に消されていくっていうようなことは言われているなあ。

今朝《けさ》も話をしているのを聞いてたら、習近平がアメリカの「くまのプーさん」によく似てるとかいうのが出回ってたら、「くまのプーさん」が検索できなくなって、全部消されるとか、そんなようなことが出たりしたとか言ってるようなことも聞いて。

あれだけの大きさのある（人口）十三億、十四億人の国が、なんと、インターネットによる情報拡散で、いろんな人が情報発信できて、いろんな情報がキャッチできる時代になっても、いまだに全体主義国家としての体裁《ていさい》を守っているという。

要するに、「ソビエトが改革に失敗したのは、情報公開が最大の原因だ」と見て、（中国は）経済の資本主義化は進めたが、独裁体制が崩《くず》れるので全体主義体制だけは崩さないっていうのを、グッとやっているという感じが、今、続いてるわな。

中朝は同じ体質の国家

清水幾太郎　この体制を見れば、一生懸命《いっしょうけんめい》、日本やアメリカが北朝鮮を攻めて、中国を味方に引き入れて、北朝鮮の制裁をやって孤立《こりつ》させようとしてるけど、こんなの不可能なのははっきりしてる。同じ体制だもん、ほぼな。

金《キム》一族がやってはいるが、あれでも民主主義的にやっているつもりではいるらしいから。うーん、「平等」に重点を置いた民主主義だわな。「平等」と「先軍政治」。あれは、毛沢東《もうたくとう》の革命とつながるものだわな。まあ、鄧小平《とうしょうへい》（の時代）から、「心では資本主義に舵《かじ》を切ってはいる」けど、「毛沢東革命の連続のなかに北朝鮮はある」わけでね。

今の中国の基本体制も、表は、やっぱり、その体制であるわけで、宗教だって弾圧《だんあつ》されていて、言論の自由も弾圧されているし、香港だって、だんだん弾圧されてる状態なので、ほぼ同質だと見ていい。

トランプ大統領が、娘婿《むすめむこ》のアドバイスで、「中国を味方につけて、北朝鮮を制裁して、封《ふう》じ込めたらいける」と思ってたのは甘《あま》かったという結論に、今、なってるっていうところだな。

「北朝鮮《きたちょうせん》の核《かく》大国化を認める」ことになる日本の反戦平和勢力の行動

清水幾太郎　これに対して、今、日本のほうの世論《よろん》というか、マスコミ世論《せろん》が、安倍政権の支持率を下げてきて、いろんな揚《あ》げ足取りをいっぱいし始めた。大臣の〝クビの挿《す》げ替え〟から、政府のいろんな重要な役職者や、あるいは国会議員の〝クビ取り〟をいっぱいし始めたのは、当然ながら、「知っててやっている」ことであるので。

結局、「戦争反対」のもともとの基礎《きそ》的なうねりが、今、出てきてるんだということだな。

「このままいくと、軍国主義が復活して、アメリカと一緒に北朝鮮《きたちょうせん》の戦争に巻き込まれるんじゃないか」と恐《おそ》れた国民の、そうした左翼《さよく》・反戦・平和グループと、左翼型のマスコミとがグルになって、今、支持率を落としにかかって、「憲法改正や戦争ができないようにしたい」っていう意思表示をしてるということだね。それで、今、こちらのほうが急速に多数になってきつつある。

三月ごろから、北朝鮮のミサイル実験がすごく多くなったり、核《かく》実験も年初からやったりしているにもかかわらず、逆に、終戦記念日に向けて、左翼的な反核・反戦・平和主義がすごくなって、「安倍、辞《や》めろ」の声が上がってきてるっていうところだから。まあ、確かに、安保闘争《とうそう》みたいなのに似たようなものはあるのかもしれないね。

ややこしいのが、これに、福島第一原発の単なる「原発事故」と「原爆」が、ちょっと一緒《いっしょ》くたになってるところと、沖縄《おきなわ》の「アメリカの基地反対運動」みたいなのが一緒くたになってる。

それで、これらの運動自体は、北朝鮮も利し、現在の中国も利することになる。その現代の中国は、今、フィリピンとかベトナムとかに、すごく軍事的圧力を加えている状態であるからね。

だから、日本の反戦平和勢力のやってることをそのまま認めれば、結局は、北朝鮮の核大国化を認めることになる。要するに、自分たちが争いたくないので、それを認める。黙認《もくにん》して、とにかく、「こちらが刺激《しげき》しなければ何もしないんじゃないか」ということに、希望的な観測を持つということだね。

「日本国民は滅《ほろ》びる覚悟《かくご》があるのか」という問いかけ

清水幾太郎　中国の、南シナ海、東シナ海等をはじめとするアジア支配も、結局、先の大戦で日本がやった「大東亜共栄圏《だいとうあきょうえいけん》」の中国版だな。これをやろうとしているけど、今は、それを超《こ》えて、石油が出るアラビア半島まで海のシルクロードを開いて、中国の元《げん》で投資をしては、軍港を開かせたり、いろんな産業のインフラをつくらせたりしている。それで、（相手国が）その借金を返せなくなったら、そこを中国のものにしていくっていうかたちで侵略《しんりゃく》をやってるわな。

それから、ヨーロッパのほうにも金の貸し込みを行《おこな》っていて、ヨーロッパまで押《お》さえ込もうとし始めている。

この裏に、ロシアが、また、どっちつかずでうごめいているような状態だな。まあ、国際情勢は、簡単に言やあ、そんなところだな。

だから、今、私が日本国民に言いたいことは、「滅《ほろ》びる覚悟《かくご》はあるのか」と。

それならそれで、いちおう、そちらの議論も考える余地はある。唯一《ゆいいつ》の〝希望〟としては、インドのガンジー的な無抵抗《むていこう》運動みたいなものかねえ？　非暴力・無抵抗で、「塩の行進」（イギリス植民地政府による塩の専売に対する抗議行動）を海辺《うみべ》までやっていって、国産の塩をつくった、「イギリス出ていけ運動」みたいなことを、なんと、中国だけでなくて北朝鮮に対してもやるつもりかどうか。その覚悟を試《ため》されるけど、そこまで考えているのかどうか。

まあ、そういうことを、私は、国民に問いたいわなあ。マスコミにもな。うん。

4　現況《げんきょう》の分析《ぶんせき》 ── 中朝の思惑《おもわく》、日米が迫《せま》られる選択《せんたく》

救世主が出る先触《さきぶ》れとして出た〝預言者〟からの警告

酒井　少なくとも、幸福の科学としては、「滅《ほろ》びる覚悟《かくご》」というものには賛同していません。そういった場合、清水先生としては、どういう手段というか、どういう解決を……。

清水幾太郎　それだったらねえ、まあ、君らは救世主運動もやっとるんだろうけど、「救世主」が出る前には「預言者」が出なきゃいけない。な？　普通《ふつう》はな？　預言者は、先駆者《せんくしゃ》として出なきゃいけない。

だから、三島由紀夫《みしまゆきお》も、清水幾太郎も、渡部昇一《わたなべしょういち》も、ある意味での、そういう〝預言者〟なわけよ。先駆者としてのね。そして、大川隆法が出てきているということは、やっぱり、いちおう、時代的には認識しなきゃいけないと思うね。「この国を救うために言うべき言論を言って、それが、世に十分には受け入れられることなく去っていった先人たちがいる」ということだな。で、大川隆法が出てきた。これで国が滅びるかどうか、今、かかっているところなんでね。

ユダヤ王国のごとく滅《ほろ》びるか、元寇《げんこう》や日露《にちろ》戦争のように防げるか

清水幾太郎　ちょうどユダヤの国だな? キリストが出現したけれども、たぶん、紀元前四年ぐらいに生まれて、紀元三〇年ぐらいに十字架《じゅうじか》に架かって、されこうべの丘《おか》で処刑《しょけい》された救世主といわれる、イエス・キリスト没後《ぼつご》、西暦《せいれき》七〇年ぐら

いには、マサダの砦《とりで》でローマに攻《せ》められて、ユダヤの国は滅《ほろ》びた。

その後、ディアスポラといって、ユダヤ人は全世界に散り、金貸しとかダイヤモンド商とかをやりながら、千九百年間、国を失ってさまよい、その上、先のナチスから、六百万人のユダヤ人大虐殺《だいぎゃくさつ》を受けて、あまりにかわいそうじゃないかということになった。その戦争前から、シオニズム運動という、「ユダヤのふるさとイスラエルに帰ろう」運動はあったので、それを認めてやろうじゃないかということで、英米とかが中心になって、イスラエルの国をつくらせてやった。

それで、やっと、千九百年ぶりに国ができたけど、これがまた、アラブの国と、いろいろと〝ガチンコ勝負〟をやっているところだ。アラブの今の代表のイランと戦争の可能性があって、アメリカは、ここにも〝火種《ひだね》を持っている〟っていうようなところだわね。

「だから、難しいよ」ということだな。

おそらく、かつてのイエス没後四十年ぐらいに、ユダヤ王国の滅亡《めつぼう》が起きたわけだけれども、中国のほうの〝軍国主義カレンダー〟によれば、「日本という国は、二〇五〇年以降にはない」ことになっているので。そのころまでには、中国の帝国《ていこく》主義はハワイまで支配しているというところまで、彼らの計画はある。ハワイまで支配するんだから、日本なんかあろうはずもないでしょうなあ。フィリピンもベトナムも全部、かつての中国が最大勢力を誇《ほこ》ってたときには、たぶん、属国になってたと思うから、歴史的にはね。その中国の版図《はんと》が最大になる、〝大モンゴル帝国〟みたいなやつをつくるつもりでいるんだろうと思う。

これは歴史の必然かもしれないし、あるいは、鎌倉《かまくら》時代の元寇《げんこう》のときのように、北条時宗《ほうじょうときむね》以下、鎌倉幕府が立ちはだかって、伊勢神宮《いせじんぐう》の神風《かみかぜ》も手伝って、日本の武士が何カ月にもわたって戦って、台風の被害《ひがい》もあって、十数万人の軍勢が海に沈《しず》むみたいなことね。こんなような、天が味方して、二回の元寇を撃退《げきたい》するっていうようなことが、奇跡《きせき》的に起きた。

鎌倉時代もそうした国難の時期で、ちょうど日露《にちろ》戦争でバルチック艦隊《かんたい》が来たときのような感じの恐怖《きょうふ》を味わってたと思うけれども、そのときには、日蓮《にちれん》も出たし、それから、北条時宗も出たし、天照大神《あまてらすおおみかみ》も風だけで頑張《がんば》っていた。上から〝羽衣《はごろも》の風〟を送り続けていて、台風を起こしたりしてやった。

まあ、そういう時期が来ている。時代的には、もう、鎌倉時代の元寇のときや、古代ユダヤ王国の滅亡のとき、あるいは、バルチック艦隊が来たときの日露戦争の感じなんかに似ているよ。

これに対応できなかったら、隣《となり》の国の中国が清《しん》といわれていたときに、アヘン戦争以降、ヨーロッパに侵食《しんしょく》されて植民地化され、最後は日本に国土を取られたようになる。まあ、朝鮮《ちょうせん》半島もそうだろうけども。「護《まも》れなければ、そういうこともあるよ」ということだね。

第三次世界大戦の可能性もある

清水幾太郎　これは、「歴史の運命なのか」、「人間がつくる文明として、努力で未来がつくれるのか」っていうことの〝文明実験〟だわね。

君らは、それを、自分らの信じるところでやろうとしてるっていうところだわな。それで、反対運動というか、君らの考えに反対の人たちは、日本国憲法に盛られた、「平和を愛する諸外国」の〝善意〟に期待しようとするだけだなあ。

ただ、本当は国連ぐらいしかないんだけども、国連の常任理事国のうちの二つ（ロシアと中国）が、必ず反対側に回るということになっておるので、国連では解決ができない。すると、「アメリカが単独で戦うか」、「日米韓《にちべいかん》ぐらいまで合わせて戦うか」みたいなことになるから、「どうしても多数派形成までは行かない」っていうのが、今のところ、今年の外交の結果として出ている。

要するに、国際的な世論《よろん》として、北朝鮮戦争、つまり、北朝鮮を（軍事）制裁するというようなことにはならない。中国との戦いやロシアとの戦いまで続くかもしれないということを視野に入れると、戦争っていうのはどうなるか分からないからね。「第三次世界大戦の可能性だってある」ということだ。

「そこまでの覚悟はできていない」って言うなら、ただただお題目《だいもく》を唱《とな》えて息を潜《ひそ》めていることに耐《た》えられるか。集中豪雨《ごうう》で、なすすべもない九州の人たちのように、あるいは、東日本大震災《だいしんさい》のときの国民のように、もし、戦争被害を受けることになっても、ただただそれに耐えるだけ。家が焼かれたら、どっかに避難《ひなん》するだけ。またいずれ再建するときもあるだろうっていうような感じになるのか。

あるいは、北朝鮮だけでは十分ではないだろうけど、中国までが、北朝鮮を、どのくらいに見ておるだろう？　まあ、桂馬《けいま》ぐらいだろうかね、将棋《しょうぎ》で言うとね。

高飛びする桂馬ぐらいにしか見ていないだろうけど、桂馬でも、王手ぐらいできるからね。王手も、金取《きんと》りもできるから。そのくらいに使うつもりでいるのかもしれない。

その老獪《ろうかい》さに勝てないで、アメリカが孤立《こりつ》主義に追い込《こ》まれていくのを、手をこまねいて見るかどうか。

このへんにかかってはいるわなあ。習近平《しゅうきんぺい》は老獪だ、かなり。

経済制裁では北朝鮮《きたちょうせん》を体制崩壊《ほうかい》させられない理由

酒井　実際に、トランプ大統領も、最初は強硬《きょうこう》なスタンスを持っていたのですけれども、やはり、支持率が三十六パーセントぐらいのなかでは、北朝鮮《きたちょうせん》に対しても、もう、打つ手はないと考えたほうがよろしいのでしょうか。

清水幾太郎　最初はねえ、習近平ともアメリカでお会いになったようだし、中国も資本主義化が進んで、金儲《かねもう》けに励《はげ》んで、アメリカとの取引も世界一になっとるしね。中国人はアメリカにいっぱい留学してくるしね。アメリカにも投資をいっぱいしてるから、似たようなものを目指しているのかと思って、「協力できる関係がつくれるかなあ」と。

北朝鮮との取引なんか小さいものだし、アメリカと友好的に貿易とかをやったほうが、中国にとってはずっと得だろうから、実務家として、あるいは実業家として計算すりゃあ、こんなの、選択《せんたく》の余地がない判断なんでね。アメリカと協調するほうを選ぶだろうと思ったし、それらしいサインも、習近平は送りはした。

それに、習近平がアメリカに来て、フロリダでの会食でデザートを食べ始めたときに、（トランプ氏は）「シリアに五十九発のトマホーク（巡航《じゅんこう》ミサイル）を撃《う》ち込んだ」っていう報告をしたんでしょ？　それは、かつてないほど、「強いアメリカ」のイメージ、メッセージが発信された。

中国の事実上の皇帝を、フロリダの〝トランプ城〟のなかに招いて、晩餐会《ばんさんかい》をやって、デザートを食べてるときに、「今、トマホークを撃ち込んだから。うん」っていうようなことを堂々と言えるっていうので（笑）、「おお、強いアメリカかなあ」と、みんな思うわなあ。

それで、娘婿《むすめむこ》夫婦《ふうふ》が、その前のロシア寄りの戦略から中国寄りにすべきだっていう意見だったので、それをやったんだけども。でも、中国に（北朝鮮の）制裁を求めてて、習近平も「やる」と言うとったのに、実際に貿易統計が出てみると、今年の年初からの北朝鮮と中国の貿易は四十パーセントも伸《の》びとったっていうことで、トランプ大統領は、「中国は信用ならん国だ」っていうことを言い出した。

まあ、これは、知識が足りなかったということだろうなあ。中国がどういう国かっていうことに対する、歴史的あるいは近現代の知識が足りなかったということとだろうなあ。

日本やアメリカや、その他の国が、いくら経済制裁をしたところで、中国が貿易量を増やせば、北朝鮮一国ぐらい生きていくのは、わけのないことだわなあ。だから、「経済制裁では北朝鮮を潰《つぶ》せない」っていうことになる。

さらには、ロシアが、日本に入らない、北朝鮮の万景峰号《マンギョンボンごう》かなあ？ 新潟《にいがた》に月一回ぐらい来てた貨物船みたいなの……、客船か？ あれが、ロシアからも行き来できるようにしようとして、あちらも補給をつけられる体制をつくろうとしている。「ロシア」と「中国」の両方が補給をつけたら、北朝鮮っていう国は、経済制裁によって崩壊《ほうかい》することはないわなあ。

だから、「中国から圧力をかけさせて、戦争を起こさないで北朝鮮を潰そう」とする、要するに、「軍事放棄《ほうき》させて、核《かく》放棄させる」っていう、トランプの〝あぶくのような夢〟は、もう、今年の前半、六月の段階で潰れたと見ていいだろうね。

アメリカに残された二つの選択肢《せんたくし》

清水幾太郎　そして、これからあとの選択肢《せんたくし》は、彼らにとっては二つだね。もし、単独、もしくは、韓国、日本との合同でもってでも、要するに、国連のお墨付《すみつ》きが取れなかったとしても、北朝鮮を攻撃するか、それともしないか。

北朝鮮を攻撃《こうげき》した場合、反撃戦力は一部残るであろうから、「同盟国の韓国や日本に対しての反撃が当然ある」わけだが、その反撃全部を防ぎ切れないのは目に見えているので、「同盟国は、大変な被害を被《こうむ》るだろう」ということだね。

その被害の見積もりは、当然、計算してるはずなので、「その被害見積もりまで受け入れてでも、やるかどうか」っていうところが試《ため》されてるよね。

攻撃すれば、被害は出る。おそらくは、コンピュータのシミュレーションでは、

「百万を超《こ》える被害」が、計算によって出てるだろうと思うんだよな、たぶんな。

少なくとも、ソウルなんかは、もう目と鼻の先なんで、北から撃ち込まれたら、〝火の海になる〟のはしかたないでしょうねえ。たぶん、そうなる。それで、二万人やそこらが残っているアメリカ軍じゃあ、どうにもならない。反撃はできるけど、救うことはできないだろうね。日本にも幾《いく》つかの攻撃は来るだろう。

アメリカのほうも、ICBM（大陸間弾道弾《だんどうだん》）の発射実験をして、アメリカ西部から数千キロ飛ばして、実際に飛ばせるところをテレビで放映してまで見せたにもかかわらず、北朝鮮が、ICBMのレベルまで開発ができていることを、実験してまで見せたということは、要するに、アメリカのICBMの実験など何にも恐《おそ》れていないということで、「アメリカ本土が攻撃されることも覚悟せよ」という〝脅《おど》し〟だよなあ。

まあ、〝脅し〟だけど、少なくとも、戦争に勝てないまでも、「アメリカの都市が壊滅するぐらいのことはありえるかもよ」ということだね。グアム、ハワイ、アラスカ、あるいはアメリカ西海岸、ワシントンあたりまで、もしかしたら、射程に入ってるかもしれない。実験として撃っても、アメリカ国土は大きいから、どっかに落ちれば被害は出るわなあ。

だから、歴史上、ワン・ワールド、ツー・ワールドトレードセンターが、ハイジャック機で攻撃されて以来、あるいは、日本の真珠湾《しんじゅわん》攻撃以来の、アメリカ本土攻撃もありえるかもしれないというシミュレーションまで出てきたわな。

これで戦争に踏《ふ》み切れる大統領っていうのは、そうとうなものなので、ええ。今の三十パー台の支持率で、マスコミを敵に回している状態でやれるかどうかというのは、これは極《きわ》めて厳しいね。

今、脅威《きょうい》にさらされる当事者として、「大きな判断」が迫《せま》られている

清水幾太郎 逆に言えば、北朝鮮や中国の側は、「民主主義国家の弱点」をよく知っているということだなあ。「国民に不人気な政策を取れない」「ポピュリズムはできるが、不人気な政策が取れない」とね。

だから、「リメンバー・パールハーバー」風に日本を〝悪人〟に仕立て上げて反撃したようなかたちならやれるけど、今のところ、北朝鮮はうまく立ち回ってるし、中国もうまく立ち回っている。北朝鮮を水面下で支援《しえん》しておりながら、口では制裁するようなふりをちょっとだけ言ってみたりして、優柔不断《ゆうじゅうふだん》なことをやっているし、ロシアも〝怪《あや》しい動き〟をしている。

この状態だと、完全に相手を〝悪〟には仕立て上げられない。要するに、（金《キム》正恩《ジョンウン》を）〝サダム・フセイン〟や〝オサマ・ビン・ラディン〟に仕立て上げたい

んだけど、完全には仕立て上げられないでいる。少なくとも国連の常任理事国のうち二カ国（ロシアと中国）は、「北朝鮮に対する攻撃に反対する」と思われるので、かなり厳しい戦いになるね。だから、イラクの戦争やアフガンでの戦争に比べてけっこう厳しいことになるし、日本も足を引っ張る可能性は高い。

いやあ、これは「大きな選択」ですよ。いやあ、「大きな選択」です。だから、その結果を享受《きょうじゅ》する人たちがそれを決めなければいけない。

まもなく、広島原爆《げんばく》の八月六日、長崎《ながさき》原爆の八月九日も来るけれども、あれも、「人類に再びこのような戦争の不幸が来ないように」とか、「原爆の被害が来ないように」みたいなことを言うんだろう？　ただ、おそらく、市長が北朝鮮を名指しで攻撃したりはしないだろう。日本の国民性としてはね。

つまり、いったい誰《だれ》が原爆を落としたのかも分からない。たぶん、「アメリカが落とした」ということもはっきりとは言わない。「ただ原爆自体がいけないんだ」ということになると、「日本を護るアメリカの原爆もいけない」ようにも見えるし、「日本が核開発することもいけない」ように見える。北朝鮮は、日本の言うことなんか、まったくきく気はないので、平気ですから。アメリカの言うこともきかないぐらいですから、「彼らだけはどんどん核開発をやれる」ということになる。

いやあ、これは、大きな判断だろうね。

安倍《あべ》首相も逃《に》げる〝損な役割〟を背負わされる幸福の科学

清水幾太郎　君らも、八月二日に「東京ドーム」（二〇一七年八月二日、東京ドームにおいて、特別大講演会「人類の選択」を開催《かいさい》予定）か何かあるのか？　嫌《いや》だろうね。いや、大川隆法も嫌がってると思うよ。「この責任を負わされるのはかなわん」と思っていると思う。

ただでさえ、幸福実現党をつくって、選挙に弱いのにポピュリズムはやらねえから。選挙には弱くて、なかなか一般《いっぱん》票が取れないのに、安倍《あべ》首相も逃《に》げてるような〝損な役割〟を、議席も持てない政党をつくっている宗教団体が背負わにゃいかんっていうのは、たまったもんでないから、それは寝込《ねこ》みたくなるだろうよ。

うん、実際なあ。

私らみたいに一評論家だったら、まあ、そんな責任はないけどね。意見としては「言論の自由」であってもいいが。現実に、全国規模で組織を持ち、世界では日本と友好的でない国にまで支部も持っている、国際支部も持っている宗教団体のトップとしちゃあ、「この結論を言う」っていうのは、かなりきついだろうな。

だから、今日、私の霊言《れいげん》をやるんじゃないの？　これ。これで、みんなのショックを和《やわ》らげるために、私の霊言をやろうとしてる。「もう足のない清水幾太郎の幽霊《ゆうれい》が、夏に出てきて何を言うたって、信じるも半分、信じないも半分。ただ、若干《じゃっかん》の洗脳は……、マスコミと知識人への洗脳、左翼《さよく》知識人への洗脳ができる」と思ってるんじゃないの？　うん（笑）。

5　国家の研究――自由・共産・民主・信仰《しんこう》の歴史的流れ

ウォールストリート発・世界恐慌《きょうこう》に始まった「日米開戦」への道筋《みちすじ》

久保田　ありがとうございます。

今年の春先に、トランプ大統領が北朝鮮《きたちょうせん》への攻撃《こうげき》をするような姿勢も見せていたのですけれども、実際には、まだなかなか難しい状況《じょうきょう》です。

この「自由主義対共産主義」という構図のなかで、どのようにして、私たち自由主義陣営《じんえい》の勢力を大きくしていったらよいのでしょうか。どのあたりのことが大事になるでしょうか。

清水幾太郎　うーん。だから、行き詰《づ》まってはいるわけよ。アメリカ自身がねえ、自分らの経済の停滞《ていたい》、国力の衰退《すいたい》を感じてはいるからね。それを立て直さなきゃいけないっていう。トランプさんには「江戸《えど》の三大改革」みたいな財政改革の責任もあるわけよ。

本来的には、軍事費も削減《さくげん》しなきゃいけないし、貿易赤字も削減しなきゃいけないから、（日本などの）貿易で黒字を出してるところを削《けず》らなきゃいけないわね。そして、こちらのほうに「アメリカの赤字を減らせ」と言いたいし。

「グローバリズム」というのは、これはアメリカが発信源だけども、このアメリカ的価値観を世界に広げようとした結果、世界各国で発展途上《とじょう》国に投資が起き、工場がいっぱいできて、安い人件費でたくさん製品がつくられるようになった。それで、日本もやられてるけど、アメリカも、いっぱい輸出されたことで雇用《こよう》は失われて、失業者が溢《あふ》れて、基礎《きそ》産業というのがどんどん弱っていった。特に工業系統が弱って、石炭産業も潰《つぶ》れて、自動車産業も潰れて、「もう何もなくなるぞ」と。

で、金融《きんゆう》商品ばっかり取り扱《あつか》ってると、「二十一世紀の世界恐慌《きょうこう》」になりかかってた、なあ？　オバマさんが登場する前の……。

酒井　「リーマン・ショック」ですね。

清水幾太郎　リーマン・ショックがあったわなあ。ああいうのから立ち直る方法がないわな。

その前の「二十世紀の世界恐慌」は、ウォールストリートの暴落から始まった。あれが一九二九年だよな。で、世界大戦はその十年後には起きとるわなあ。つまり、「その十年後」には、ナチスのポーランド侵攻《しんこう》やその他が起きてるし、一九

●リーマン・ショック　2008年9月15日、アメリカ第4位の投資銀行であったリーマン・ブラザーズの経営破綻をきっかけに起きた金融危機。『朝の来ない夜はない』（幸福の科学出版刊）参照。

四一年には日本の対米開戦が始まっている。

その前には、もうすでに（日本の）満州《まんしゅう》への進攻も始まってはおったから。原因は、でも、そうは言ったって「アメリカの大恐慌」ですよ。アメリカが恐慌を起こして、不況を世界に輸出して、それが日本にも回ってきた。

日本だと、「昭和五年不況」っていうか、まあ、一九三〇年かな？　「昭和五年不況」というのが起きて、東京帝国《ていこく》大学の法学部卒の人が就職できないっていうような不況が来てたねえ。まあ、〝にわか成金《なりきん》〟の松下幸之助《まつしたこうのすけ》さんなんかは、「こんなときこそ金を使うべきだ」と言って、外車を買って走ってみたりしたりもしてはいたけど。

この不況はけっこうきつくて、東北ではですなあ、もう飢饉《ききん》もあって、金もなく、娘《むすめ》を売り飛ばすという、なあ？　吉原《よしわら》か赤線かよく知らんが、そのようなところに売り飛ばさなきゃいけなかった。上野《うえの》駅かに行って、あと、売り飛ばす。

そのようなことをやってた時代だよね。うーん、悲惨《ひさん》な時代だったわな。

実は、この悲惨な「昭和五年恐慌」から立ち直ろうと、活路《かつろ》を開くために満州に出た。石炭と鉄鉱石を手に入れるために出たんだよな、陸軍がな。

それから、海軍のほうは、南方戦線へ、シンガポールからインドネシア、マレーシアと、やっぱり、石油目当てに行ったということだよなあ。

それで、老獪《ろうかい》なフランクリン・ルーズベルトにしてやられて、石油を禁輸された。石油の輸入では、アメリカからのが七十、八十パーセントあったと言われているときに、アメリカが石油を禁輸したので、「日本は石油を採るために、絶対、南に攻《せ》めるだろう」っていう予想を立ててとった。それを理由にして開戦。

要するに、ルーズベルトは「戦争をしない」ということを掲《かか》げて当選してたけども、実際は開戦したかった。それを、日本を追い込《こ》んで暴発《ぼうはつ》させて、戦争に誘《さそ》い込むという作戦。実に〝老獪な作戦〟だけど、アメリカ発の世界恐慌が原因で、日本も不況になって、食っていく道がなくて、活路を開くために外国へ出たのが、まあ、そうなってる。

今回も、二〇〇八年の「リーマン・ショック」で世界不況に……。まあ、これは、アメリカからヨーロッパにも行ったし、中国にも行ったし、日本にも行った。

だから、今、中国が石油があるところをどんどん攻めてますよね？ 「日本との境界線のところの島の下に海底油田がある」と言ったら、「そこは中国のものだ」と言い張って掘《ほ》るし、フィリピンやベトナムとの国境ラインのところも島を埋《う》め立てて中国のものにして、結局、「軍事基地をつくる」と同時に、「地下の資源を確保していく」っていう路線でしょう？ これ、実は、かつての日本と同じことをやってるわけよ。

アメリカ本土に「核《かく》の脅威《きょうい》」を突《つ》きつけた北朝鮮《きたちょうせん》をどうする？

清水幾太郎　北朝鮮《きたちょうせん》がやってることも、実は、これ、日本の（やった）ことなんだよ。（戦時中の）日本だって核《かく》兵器の開発・研究はしてたけど、後《おく》れを取ってしまった。湯川《ゆかわ》理論から言えば、核兵器はつくれる。「あと一、二年あったらつくれた」と言われているものだったんだけど、先を越《こ》された。

もし、原爆《げんばく》を落とされたとき、日本も核兵器を持っていたら、どうであったか。あるいは、ドイツが持っていたらどうであったかということであれば、まだ分からないところはあったかもしれないね。

だから、トランプさんは、シリアみたいに独自でアメリカを攻撃はできず、日本も攻撃できないような国に対しては、トマホークは撃《う》てたかもしらんけども、日本や韓国《かんこく》に、あるいはアメリカのグアムやハワイ、アラスカ、西海岸等に攻撃可能な北朝鮮に対してはミサイルを撃ち込めるかどうか。

最初は、たいてい通常兵器？　まあ、トマホークか、それに準ずるミサイル、短距離《たんきょり》・中距離ミサイルを駆逐艦《くちくかん》や潜水艦《せんすい》から撃《う》つあたりから始まるだろうけども、「核兵器が撃てるかもしれないという移動式ミサイルが、北朝鮮に百五十カ所はある」と言われているから、全部を同時に潰すことはできない可能性が高い。残る所があると、反撃があるかもしれない。このリスクをトランプ大統領に負えるかどうかっていうところだね。

ブッシュ大統領、父ブッシュが湾岸《わんがん》戦争をやったときは、国民の圧倒《あっとう》的な支援《しえん》、九十パーセントまで支持率がありましたからね。こんな支持率がありゃあ、戦争をするのは容易ですけれども、今の三十何パーの支持率で、それだけのリスクを冒《おか》して、百万人以上死ぬかもしれない戦争をやれるかったら、やれないわね。

向こうが何かヘマをして、もう、国民が沸騰《ふっとう》するぐらい怒《おこ》るようなこと、あるいは、世界の世論《せろん》が沸騰するような悪いことをやればいいんだけど、北朝鮮も、日本の排他《はいた》的経済水域の外側に（ミサイルを）落としたり、なかにちょこっと落としたりして、なかなか本土には落ちてくれない。

安倍《あべ》政権は、〝雨乞《あまご》い〟風に、「日本の本土のどこかにでもミサイルが落ちてくれないか」と思ってるところが、見事に海にだけ落ちて、「被害《ひがい》が出ない、漁船にも当たらない」というようなことで、みんなが激昂《げっこう》するまではやれない。この中途半端《はんぱ》なところで時間を稼《かせ》いで、まだまだ軍備増強しようとしてる状況だよな。

「民主主義の弱点」を突《つ》いてきた独裁国家

清水幾太郎　いや、これは将棋《しょうぎ》と一緒《いっしょ》だよ。「どうやって、何手で詰めるか」みたいな、もう読み合いだな。何手っていうのは、「何年で」っていう感じだけどな。うん。

どうするかい？　どうする。

久保田　そうですね……。今、この自由主義のなかで期待されている繁栄《はんえい》がなかなか実現されない状況にあります。「リーマン・ショック」のお話もありましたけれども、その後、自由主義ないし資本主義というものを強く主張できず、やや全体主義的なものが強くなっていると思われます。

このようななかで、まずは思想的、オピニオン的なところから始めるしかないということでしょうか。

清水幾太郎　「軍事」に関して言えばね、やっぱり、一見、独裁者のほうが強いように見えるんだよ。だって、判断が速いし、反対も許されないだろう？　習近平《しゅうきんぺい》が「やる」と言ったら、実際にやれちゃうもんな。議会で議論なんかしてたらさ、野党から反対されるし、外国からは文句《もんく》をつけられるし、分からないけど、習近平が決めたことはやれちゃうわけだから。南シナ海でも、「軍事基地をつくれ」と言やあ、できちゃう。なあ？

金正恩《キムジョンウン》が決めて、「ＩＣＢＭを撃て」と言やあ、誰《だれ》も反対する人なんかいない。反対したら、すぐ消されるからね。誰も（反対）する人はいない。

そら、日本だって、憲法九条をいじろうとすりゃあ、もう、それだけでウワーッと反対。だから、防衛の議論まで行かないで、防衛大臣のクビを取るっていう話のほうが進んでくるぐらいになってるわけだから。

だから、軍事体制と重工業だけを取れば、何て言うか、「共産主義」といってもいいし、実質上、一枚岩の「全体主義国家」ではあるんだけども、こういうのが強いことは強いんだよな、短期間で見ればな。

長期間で見れば、民主主義のように、多くの頭数《あたまかず》で繁栄していくほうが、経済的にも繁栄し、税収も増え、国の力が富んで、国際競争力も増すことにはなるんだけども、短期間の数年の戦争、戦時経済を考えれば、どう見ても、どこの国でも、統制経済に入れば、「共産主義」と同じようになってくるんでね。

しかも、いろんな議論がある言論が許される「言論の自由」とか、「表現の自由」「集会の自由」「結社の自由」等があって、いろんな党派がいろんな意見を言って、国会を取り巻いたり、首相官邸《かんてい》前でデモをやったり、テントを張ったりして言う自由がある国は、「そんなことをしたら一発で殺されるか、シベリア送りになる国」に比べれば、はるかに決断力は弱いわな。

その民主主義の弱点を、今、突《つ》かれてるわね、はっきり言うてね。

政教分離《ぶんり》のキリスト教国、一体化しているイスラム教国

酒井　そういう、「全体主義対民主主義」で、「全体主義が強い」という流れの

なかで、もう一つ、「信仰国家《しんこう》」もありますし、イスラム圏《けん》もありますけれども、この信仰の果たす役割というのは……。

清水幾太郎　これ、難しいんだよ。

酒井　はい。

清水幾太郎　今、「信仰と政治が一体化」しているのはイスラム教国ぐらいしかないよ。キリスト教国だって分離《ぶんり》してるよね。だいたい、みな、政教分離をやってるから。まあ、「信仰は信仰で、各自が持ってよろしい。家庭で持ってよろしい」って言ってるけど、「いや、政治は政治。これは理性的に、知識と技術、テクノロジーに基《もと》づいてやります。経済もやります」と。だから、「政治・経済」

と「信仰」とが分離しているのが、キリスト教圏の現実の姿だね。

一方では、無神論・唯物論《ゆいぶつろん》の国家も存在する。

イスラムのほうは、「政治」と「宗教」は完全に一致《いっち》している。

だから、イスラムのなかで、考え方としては最も純粋《じゅんすい》で、かたちとしてはイスラム原理主義といわれる者たちが、今、欧米《おうべい》でテロをいっぱい起こしておるけども、このイスラム原理主義っていうのは、要するに、「ムハンマドが生きていたとしたら、こうするであろう」という考え方を、現在、時代が変わってもやろうとする人たちのことですよ。

「ムハンマドが現在に生きていて、やるとしたらどうするかというと、要するに、西洋民主主義に反対するはずだ。だから、軍事的にそいつらを叩《たた》き伏《ふ》せてでも、アッラーの神への信仰に導く」ということですね。

で、死も恐《おそ》れない。「死んでも、天国に還《かえ》って、いい人生がみなを待ってるんだから、死も恐れない」っていうことで。やり方としては、かつての日本の神風《かみかぜ》特攻隊みたいなのもちょっとまねして、自動車爆弾《ばくだん》で突っ込んでいったり、女性や子供が体に爆薬を巻きつけて突っ込んでいく。

この前も、イギリスでねえ、何万人ものコンサートがあったときに、アメリカの歌手がやったあと、地下鉄に乗る前の広場のところで爆破テロをやられてねえ、大勢の人が傷ついたりしましたけども。まあ、ああいうことをやる。

でも、イスラム教から言えば、「民主主義のほうが間違《まちが》っている」っていう考えなんだよ。だから、イスラム教は、基本的に民主主義を否定していると考えたほうがいい。

これはなぜかっていうと、要するに、「アッラーの神は全知全能なので、全知全能のアッラーの教えに完全に従って服従《ふくじゅう》するのが人間の義務である。アッラーに服従することにおいて平等である」という考えなんかね。これに対して、アッラーは、慈悲《じひ》をもって人々を迎《むか》えてくれる。

こういう国が彼らが思う理想の国で、人口的には十六億人ぐらいまで広がってきていて、もうすぐ、二十億人を超《こ》えるキリスト教国をも超えるかもしれない。人口だけはどんどん増えてきているわなあ。

まあ、こういうことで、今、これが二大勢力になってきている。

だから、キリスト教国は、政教分離していて、実際は、信仰と現実のテクノロジー的なものとは別にしている。

「イスラム国」もそうだったけども、イスラム教国は、だいたい、基本的には祭政一致で、宗教と政治が一致していることが〝後《おく》れ〟にもなっているけど、自由主義的な民主主義制度を取り入れることに対しては抵抗《ていこう》感がある。トルコなんかは、少しそれが弱めで、ＥＵ入りを目指しているためにちょっと弱くなっているけれども、完全に移行できないで困っているし。まあ、そういうことだなあ。

それで、移民制限すると、アメリカなんかでも州ごとに反対が出たりして、大統領の権限を侵《おか》すことにもなっている。

バチカンなんかも意見は言うが、もう、カトリック教国は麻薬《まやく》大国で犯罪大国。ギャングと麻薬が溢れ返っているカトリック。どうにもならんじゃないかって、まあ、こんな状況だわな。

今、地球の〝舵取《かじと》り〟をするのは、実に難しいなあ……。本当に難しいと思うわ。だから、もし、段階を追って、三島由紀夫《みしまゆきお》や清水幾太郎が言ったことをね、そのつどそのつど、日本が切り換《か》えていっていたら、たぶん、今ごろは、そんなに難しいことではなかっただろうなと思うんだけどなあ、ほんとにねえ。

「清水幾太郎なら、日本のどの問題から手をつけるか」を訊《き》く

酒井　話が非常に難しくなっているんですが、こういうものは、プライオリティ

ー（優先順位）を付けて、一つひとつ順番に解決していかなければいけないと思うんですね。

もし、清水先生であれば、日本においては、まず何から手をつけていかなければいけないとお考えでしょうか。

清水幾太郎　私はね、この地上に肉体を持っていない。生きている人間ではなく、あの世の存在であるので、まあ、意見は言うけど、責任は取れないいんだよ、申し訳ないが。要するに、地上のみなさんについて責任が取れない。

政治家だったら、落選でもって責任を取ることはできるし、政府高官でも、クビにすれば責任を取れるかもしらん。宗教であれば、弾圧されることによって責任は取れるかもしれないし、あるいは、火あぶりや魔女狩《まじょが》りで責任が取れるかもしらんけど、私は責任を取れる立場にはないことを、いちおう知っておいていただいての意見になるけどね。

だから、そんなの、「清水幾太郎」って引き出して、物質化して肉体になって、みんなで鞭打《むちう》ち百回の刑《けい》、十字架《じゅうじか》の刑で、五寸釘《ごすんくぎ》を打ち込んで、さらに火あぶりで丸焼きにするっていうふうな、そういうことが許されるなら、その言論を聞いてやってもいいが、それができないで手が届かないっていうんじゃ、そんなの意味ないと言われたら、まあ、それまでだし。

共産主義の原点に帰れば、まあ、共産党でも葬式《そうしき》ぐらいはやっとるようではあるけれども、信じてない人から見りゃあ、「幽霊《ゆうれい》に『言論の自由』なんか、あってたまるか」と思うから、まあ、信じないだろうけどね。

まあ、信じないだろうけれども、半信半疑で信じる人と、「どうせ、大川隆法が自分の意見を言っているんだろう。清水幾太郎の名前で発表してるだけだろう」と思ってる人と、両方あるから。「大川隆法の意見を清水幾太郎の名前で発表してるに違いない」と思ってる人もいるだろうけど、それだったら、「大川隆法の意見なんだろう」と思って聞く人もいるだろうから。

まあ、そんなことも考慮《こうりょ》しながら言うわな。

バブル崩壊《ほうかい》の本質は「かつてのロシア革命が日本で起きたようなもの」

清水幾太郎　それで、社会学的に見たら、この国民はちょっと救いがたいね。今の状態では、もう救いがたい。

だから、ソ連邦崩壊《れんぽうほうかい》のときに、(日本は)「国家戦略」として、左翼《さよく》マスコミの力をグーッと弱める選択《せんたく》を取らなければいけなかったわね。ここは間違った。何を間違えたかっていうと、ソ連が崩壊したあとは、やっぱり、中国崩壊を目指して国家戦略を持つべきだったんだよ。

だけど、アメリカが、クリントン政権下で中国と〝仲良し路線〟を八年間やっちゃった。中国を経済的に優遇《ゆうぐう》したんですよ。

なぜかというと、八〇年代のバブル期、まあ、私が死んだあとぐらいですけど、日本経済が大きくなってきて、日本は、東京都心の地価だけでアメリカ全土が買えるっていうぐらいの地価になってたわけですよ。それでも平然としとれば別に構わなかったんですけどね。「じゃあ、アメリカのディズニーランドも買うか」とか言ってやっとりゃあ、別に、それはそれでよかったんだけども。

ここで自民党の宰相《さいしょう》の名前を挙げるのも気の毒だけども、それからあと、社会党の党首が首相になったこともあったわな。こんな変なことをやっちゃった。だから、自民党の宮澤喜一《みやざわきいち》さんだけどね、はっきり言やあな。そのあたりは、要するに、「資産倍増論」と言って、強制的に土地の値段を下げるという政策を取った。地価を半減させようとしたわな。

そのためにはどうしたらいいかっていうと……。土地が値上がりしてるのは、銀行が「土地本位制」を取って、土地さえ担保《たんぽ》に取っておればいくら融資しても、日本の面積は増えないから、土地の値段は上がる一方で減ることはない。だから、土地さえ担保に取れば、例えば、五億円の土地に対して五億円を融資したって、何年かたてば七億円になったり、十億円になったりする。あるいは、一年で二倍っていうときもありましたですからね。

ということで、「土地とマンションを買え」みたいな感じで、あるいは、「要《い》らなくても家を建てろ」「工場を建てろ」「ボウリング場を建てろ」「ゴルフ場をつくれ」って、ずーっとやってた。これが倫理《りんり》的でないというようなことで、マスコミからも非難がいっぱい来てたね。

これ（資産倍増論）は、政策的に言えば、「共産主義的な政策」だったと思うんですよ。要するに、大土地所有者や、そういう大資本家を潰すっていうことを自民党政権でやったんですよ。

そして、社会党の村山富市《むらやまとみいち》政権だね。彼は乗ってただけだけれども、これで〝仕上げ〟をやって、「社会主義国家宣言」をやったようなもんなんですね。

これは、かつてのロシア革命だね。日露《にちろ》戦争で、ロシアが日本に負けたあと、ロシアの帝政が敗れて、大地主《おおじぬし》が全部、土地を取り上げられて、解放されていった、ロシア革命の流れがあるけれども。その一九〇〇年代の初めに起きたようなことが、一九九〇年代の日本でも起きたようなもんですね。大金持ちが、土地や不動産をいっぱい持ってとったのが、暴落していくだけになる。

どうするかっていうのは、銀行局からの通達で、「総量規制」ってやつですね。土地に対して銀行が融資するのに、各銀行に総量規制っていうのをかけた。「総量はここまでしか許さない」っていうのを、銀行局が通達一本で出したために、総量規制がかかったわけね。つまり、「貸しすぎている」っていうことだよね。「貸しすぎている」っていうことで、じゃあ、貸しすぎてるところから融資を引き揚《あ》げなきゃいけない。

だから、エリートが集まっている銀行の融資課っていうのは、どれだけ貸金を引き揚げたかっていう、〝引き揚げ競争〟になった。そして、その〝引き揚げ競争〟は、結局、企業《きぎょう》の倒産ラッシュになったわけね。中小企業を中心に、大企業も潰れましたけども、「企業を多く潰した人ほど優秀《ゆうしゅう》な銀行員」っていう結果になったわけですよ。

こんなの、資本主義の世界で許されるわけないよね。

それで、そういう、多くの会社を潰した銀行はどうなったかっていうと、日本の銀行もいっぱい潰れたわけですよ。二十行ぐらいあった都市銀行型の大型銀行がバタバタ潰れて、もう三、四行まで減っちゃったわけですね。銀行にも、因果《いんが》応報《おうほう》で戻《もど》ってきたわけです。

これにかてて加えてですね、金融の理論で、「日本の銀行っていうのは自転車操業《そうぎょう》だ」と。「預金を借り入れて、それを貸し付けて、利ざやを取って、その一部を預金者への利息として払《はら》う。この回転で自分を水増しして大きくなって、何十兆円もの資金量を持ってるけど、実際の自己財産は、すごく小さいですよ。銀行の本店とかは持ってるかもしらんけど、財産なんか持ってないですよ。ほとんど、九十パーセント以上は借入金《かりいれきん》ですよ。これはいかんですよ」ということでね。

「グローバルスタンダード」という言葉がアメリカのほうから発信されて、「自己資本比率が八パーセント以上なかったら、銀行は駄目《だめ》だ」っていうようなことを言われたんだと思うんだよね。確か、日本の銀行は四パーセント前後しか自己資本比率がなかったんじゃないかと思う。そういう意味で、信用の拡大がすごくいってたから、これを引き締《し》めなきゃいけない。要するに、銀行の貸出《かしだし》がバブルになってるっていうんで、ここもガーッと〝引き締め〟になった。

そのあと、倒産ラッシュで、銀行まで統廃合《とうはいごう》が起き、これで経済が強くなるはずなんか絶対ないですね。

「民主主義」は、「自由主義」にも「共産主義」にも、どちらにも揺《ゆ》れる

清水幾太郎　そして、その間、「中国の経済」はものすごく大きくなった。これは、アメリカと中国にしてやられたわけで、先の戦争のときの戦勝国になったところに、〝もう一発やられた〟わけですよ。

だから、クリントンっていう人は、歴史に遺《のこ》る〝バカ大統領〟だと思いますよ。アメリカは、ソ連に続いて、次は中国の崩壊を戦略として持つべきで、日本と共《きょう》闘《とう》して中国の崩壊と民主主義化をやるべきときに、実は「日本潰し」をやったんです。中国とアメリカが組んで、「日本潰し」をやって、日本を社会主義化して・・・・・・・・しまったんですね。

それで、日本の経済もまったく伸《の》びないままになって、所得が減ってきて、平

等だけを言うようになってきた。それに、相続税は世界一になって、一戸当たりの所得もどんどん減ってきている。こんな状況になって、出口がないかたちになってるっていうわけだね。まあ、私の話からすれば、そんな感じになるわな。大きな意味で、マクロ的には、財務省、まあ、大蔵省《おおくらしょう》かもしらんけど、その失敗と、総理大臣を含《ふく》む閣僚《かくりょう》の失敗もあるけども。ただ、マスコミや世論もそちらを後押《あとお》しした。だから、ポピュリズムでなければ政権が維持《いじ》できなかったからね、民主主義の弱点により。

「民主主義」っていうのは、自由主義にも、共産主義にも、どっちにでも揺《ゆ》れるんですよ。「平等」を重視すりゃ、共産主義になるんですよ、民主主義は。だけど、「自由」のほうを強く押していくと、繁栄主義や資本主義のほうに転化していくこともあって、どっちにでもなるところがあるんです。まあ、もともと〝平等の好きな国〟であったんで、そこで、そういうふうになっちゃった。

猫《ねこ》を被《かぶ》っている日本の共産党

清水幾太郎　かつて、大都市では、ものすごい土地長者《ちょうじゃ》が出てた。要するに、長者番付《ばんづけ》が出たけど、だいたい土地長者ばっかりでほとんど占《し》めてましたよね。大きなのは、土地の売買による長者で。まあ、株もあったけどね。「株でボロ儲《もう》けした人の話」が耳に入ってくるし、「マンションを買ったら、一年後には二倍になって、売り抜《ぬ》けて財産が倍になったみたいな話」がいっぱい本に出てきた。これに対して、そういうことをしていない人たちが嫉妬《しっと》したわけね。

まず、役人たちはしてないでしょ？　役人たちは株をやってない。それから、不動産の転売をして儲けたりしてないよね。だから、そういう一部のやつらが賢《かしこ》くやってることに対して、制裁を加えたい。それで、社会的制裁を加えられたわけで、結果は、みんなが不幸になった。

これは、大川隆法さんが言ってるとおりで、「嫉妬によっては誰も幸福になりませんよ」と。だから、「共産主義のもとにあるものが嫉妬であることに気づかなくちゃいけない」ということだね。

大川さんが言ってる「平等」っていうのは、「チャンスの平等」でしょ？　「みんな、基本的人権はある。それは『仏性《ぶっしょう》』とも言い換えられるもので、みんな、そういう仏さんになるような自由は持っているんだ。その自由を、上手に智慧《ちえ》をもって行使して、繁栄しなさい」っていうことを言ってるわけね。「嫉妬は敵だ。嫉妬だと共産主義になりますよ」と言うけど、まだ「共産主義は悪い」ということが分からない人がいっぱいいるんですよ。

日本共産党は、さらに悪い。「中国共産党とは違う」ということを言い続けてるからね。どうも、「日本の共産党はそんなんじゃなくて、自由民主主義と協調できるような共産党だ」みたいなことを言ってるわけなので。だから、政権の批判だけする共産党だね。たぶん、共産党ならすることは一緒なんだけど、全部、〝猫《ねこ》かぶり〟して、やってるわね。そういうところが躍進《やくしん》したりしてるんだろう？

吉田茂《よしだしげる》以下の「戦後の成功要因」が、「今の失敗要因」に

清水幾太郎　だから、日本っていうところは、つくづく反省しないところなんだなあと思う。政党も反省しないし、マスコミも、間違ったことを言っても、結局、反省しないいんだろ？　失敗しても。民主党政権を立てて、それで失敗しても、それは民主党が悪いんであって、マスコミは悪くないんだろう？　まあ、そういうふうなことで、安倍政権を応援して立てても、具合が悪くなってきたら安倍さんのせいにして、自分らは責任逃《のが》れするんだろう？　だから、「来るべきものは来る」かもね。

酒井　今の清水先生のお話から、未来に向けての第一歩というものを考えるとすれば、「日本には、共産主義的、あるいは、社会主義的な考えに親和性のある考えがはびこっている。それを変えていかなければいけない」ということでいいんでしょうか。

清水幾太郎　うーん。だから、それがねえ……。まあ、民主主義国家の政教分離型の考えがねえ。

日本の場合、「神様はいるんだけど政教分離する。この世的な仕組みで分離する」って言ってるようなところがあって、この世的に政教分離したら、要するに、神様のところまでちょっと外されてしまったようになってる。その立場が、「無神論・唯物論の共産主義国家」と、「西洋の民主主義国家」との中間にあって、どっちにでも行くようなところにいるわけですよね。

そこで（幸福の科学は）宗教を推《お》し進めようとしてるわけだけど、やっぱり、壁《かべ》があるんでしょう？　伝道の壁があるし、政治に出ようとしたら、さらにもっと厚い壁があったわけで。要するに、「あなたがたの存在は認めるけれども、あなたがたの言論の洗脳は受けない。洗脳するのはマスコミの仕事である。宗教の洗脳は、部分的で止められたい。言論の自由の範囲《はんい》内のみで、信教の自由は許される」と。まあ、そういうことに日本の世論はなってるし、これは、戦後の日本の教育のあり方であろうねえ。

だから、吉田茂《よしだしげる》以下の、戦後の成功の要因が、失敗の要因になるっていうところを、十分に見抜けるだけの文明史家が存在しないっていうことでしょうね。

6　中国の生態学──なぜこれほど巨大化《きょだいか》してしまったのか

「中国のパラドックスを解明しなくてはいけない」

上村　冷戦後に自由主義が失敗したかのように見えたなかで、神を否定するような共産主義といったものが揺《ゆ》り戻《もど》して、再び立ち上がってくるのではないかと思われます。そうしたなか、神を信じる勢力として打ち出していくべきもの、また、そうした国家だからこそ世界を席巻《せっけん》してユートピアを築いていける「強み」といったものはございますでしょうか。

清水幾太郎　やっぱり、「中国のパラドックス」をねえ、解明しなきゃいけないんですよ。

マルクスの予言では、共産主義が広がるのは、都市が発達した豊かな国のはずだったんですよ。「資本主義っていうのは、格差が大きく開《ひら》いてきて、最後には大恐慌《だいきょうこう》が起きて失敗する。その結果、共産主義社会が現れて、プロレタリアート（労働者階級）が支配する社会ができてくる」っていうのが、マルクスの予言だったわけですね。

ところが、マルクスの予言に反して、共産主義が広がったのは、貧しい農村地帯があるところばっかりで。農村国家ばっかりに広がったわけですよ。それが、昔のソ連や中国ですよ。ソ連も農業でもっていたし、中国も農業国家だった。貧しい国ばっかりに広がってたんですよ。

でも、ソ連は重工業に成功し、宇宙への進出で成功したけれども、最後はアメリカとの軍事競争で財政破綻《はたん》を起こして、降参して敗れ去った。ただ、それは共産主義が完全に失敗したことを意味してるわけではなかったわけで。アメリカ以外の国に比べれば、ソ連はある程度、軍事的にも工業的にも成功はしていた。

毛沢東《もうたくとう》のほうは、「先軍政治」って、軍事を重視して、「農業」と「軍事」だけでやった。なかの産業は発達していないのに、それをやって、経営や経済は下手《へた》だった。だから、飢《う》え死にする人もいっぱい出て、反乱が出るたびに殺していくので、何千万もの人が殺された。ただ、言論の統制によって、それは押《お》し潰《つぶ》すことができたけども。

そうするうちに、鄧小平《とうしょうへい》が、「白い猫《ねこ》でも黒い猫でも、ネズミを捕《と》る猫はいい猫だ」と言い出した。「走資派《そうしは》」といいますけどね。資本主義に走る人たち、走資派が出てきて、文化大革命の失敗のあと、鄧小平が率いる中国が改革をやって、共産主義を奉《ほう》じておりながら、資本主義の仕組みだけは取り入れた。つまり、「金儲《かねもう》けができるなら構わない」ということだね。「黒猫でも白猫でも構わないんだ。ネズミさえ捕ればいいんだ」ということで、金儲けを奨励《しょうれい》したんだね。

そうしたら、大金持ちがいっぱい出てきたわけですよ。それに汚職《おしょく》もいっぱい流行《はや》った。海外で儲ける人も出てきて、そういう事業家も出てきたわけね。その金の儲け方は、日本なんかの比じゃなくて、アメリカに近いぐらいの大儲けをする人もできてきた。しかし、政府とつるんで、汚《きたな》い手段で特権を得た人たちがいっぱい出て、腐敗《ふはい》がいっぱい出てきた。だから、また、共産主義的な面を強くして、そういう〝腐敗分子〟を殲滅《せんめつ》するとか、粛清《しゅくせい》するとか言うと人気が出てくるというようなことで、共産主義的な面を政治的に強く出してきているわけだね。

だから、「共産主義が貧しい国にしか流行らなかった、農業国家にしか流行らなかったのに、中国がなんでこんなふうになったんだろうか」ということを、共産主義寄りの学者たちも首をひねってはいたんだよね。

コルホーズ（共同組合的集団農場）、ソフホーズ（国営農場）みたいな、そういう農協みたいなもんだけでやってたときには全然うまくいかなかった農業でも、「一割だけは自分の土地」っていうようなのをつくったら、そこだけは生産性がすごく上がって、収穫《しゅうかく》が多くあった。要するに、「自分のものになるなら、人は働く」ということですね。

だから、「資本主義のもとになるのは、欲望の自由主義だった」ということに、結果的にはなるわけだね、経済に関しては。従来の宗教が説いてきたことと違《ちが》って、欲望から離《はな》れなきゃいけないのに、実は、自分の私利私欲に走った者が経済的には成功するということが分かってしまったということで。結局、これが「無宗教」と、うまいこと〝連結〟してしまっているわけですね。

だから、中国もうまいことやったやつだけが儲かるように社会ができてきた。それから、全体的に、何となく国家が大きくなって、発展したように見えてきた。国家社会主義で、いろんな団地をつくったり、軍港をつくったり、あるいは軍艦《ぐんかん》をつくったり、いろんなことをして、重工業のほうで発達して、あるいは海外のほうにもいろんなインフラをつくったりして、発展していったというようなね。

要するに、貧しい国でしか発展しなかった、繁栄《はんえい》しなかった共産主義が、資本主義的に本当に成功したのかどうかのところを、情報統制がかかっているために、はっきり分からないわけですよ。西側のほうは、はっきりした取材ができないんですよね。

まあ、宗教に属している人たちは、そういう政府の悪いこと等から身を護《まも》るための活動ができるんだけど、宗教も地下に潜《もぐ》ってやってるし、表でやってるやつは全部、国家の監視《かんし》の下《もと》にやってますからね。だから、宗教も、共産主義の〝防《ぼう》波堤《はてい》〟にはなりかねているという状況《じょうきょう》ですねえ。

中国の実態を暴《あば》き、〝グラスノスチ（情報公開）〟を

清水幾太郎　本当は、「中国の実態」をはっきりと暴《あば》かなきゃいけない。カメラをどんどん入れて、人の意見を自由に言わせて。でも、「しゃべったことによって消されない」という保障ができる人がいないわけですよ。

中国の人口は十三億人とも十四億人とも言われてるけど、戸籍《こせき》が本当にあるのかどうかも分からないっていうか、一人っ子政策というのを立てたら、「一人だけ届けて終わり」というようなことで、ほんとは子供が何人もいるみたいなことがあるわけで、実際には人口が多かったりする。

ただ、それだけ多くの人口が食べていけるようになったということは事実なので。昔は三、四億人しかいなかったのに、十何億人になって食べていけるようになったということは事実なのでね。これについては、共産主義政府であって

も、国民の大多数は、これだけの人間が食べていけるようになったということに対しては感謝しているところがある。一部の人たちが南のほうで発展してることに対しては嫉妬心《しっとしん》もあるけれども、「自分らも株をやったり、何か投資をやって儲けることもできるかもしらん」というような、一部、そういう特権を得られるチャンスも出てきたということで。まあ、それにあやかれる人が増えていく分には「現状維持《いじ》したい」という気持ちはあるんだろうなと思うんだよね。

だから、ソ連が失敗したようなグラスノスチかな? 「情報公開」をやらないと。中国の実態をはっきりさせなければ駄目《だめ》だね。

ウイグルやチベットや、いろんな国に攻《せ》め込《こ》んで取ったところがあるよね。あるいは、ネパールなんかも狙《ねら》われてはいると思うし、モンゴルもだいぶやられましたけど、こういう侵略《しんりゃく》的な行為《こうい》について、正当に世界的なコンセンサス（合意）が取れていない。

歴史認識問題は米中の外交に使われている

清水幾太郎　それを打ち消すために、「南京大虐殺《ナンキンだいぎゃくさつ》があって、日本人がものすごい人殺しを、三十万もした」とかねえ、あるいは、「韓国《かんこく》なんかで、従軍慰安婦《じゅうぐんいあんふ》で日本人にひどい目に遭《あ》った」みたいなことをやって、〝日本悪人説〟を一生懸命《いっしょうけんめい》に立てて、自分たちのほうは隠蔽《いんぺい》してやってる。

アメリカが、かつて日本を敵にして、目茶苦茶《めちゃくちゃ》やって、原爆《げんばく》まで落としたのは、ほんとはベトナム戦争のような〝後遺症《こういしょう》〟があってもいいのに、そう思われないで済むのは、中国や韓国、北朝鮮《きたちょうせん》も含《ふく》めて、「日本は悪人で、悪い国だった」と、一生懸命言ってくれるからだよ。それで、彼ら（アメリカ）はその〝罪悪感〟を感じないで済むので、「中国経済とかを助けたろうか」という気持ちになって支えてるというところだね。

今のところ、(中国では) 本当の意味での「情報公開」をしようとした人は〝消される〟し、まあ、日本人だって〝消えて〟いくし、ほかの外国人でも〝消えて〟いくので、恐《おそ》ろしい国ではありますわね。

あれだけの大きさになって、毎年十万件以上、反乱、暴動が起きているというのに、世界各国はそれをほとんど知らずに済ましていられるという……。この〝未開の国〟の人口が、世界の人口の五分の一を占《し》めているという異常事態が起きたんですよ。

これに対して、神様はいったいどうするのか? 私のほうが訊《き》きたいぐらいですよ。なんで、そんな国の人口を増やし、なんで、そんな国の経済を大きくすることに協力したのか。

やはり、中国の指導者は、かつての英雄《えいゆう》のように、まあ、国を広げた人が英雄であったことが多いので、そういう人たちが出てるということを認めざるをえないのかどうか。もちろん、中国の指導者は、そう思ってるだろうとは思うけどね。

文明というのは、だいたい、自分の国が大きくなって、他国を侵略して、その文化的影響力《えいきょうりょく》をガーッと広めたときに世界史的に記録として遺《のこ》って、大帝国《だいていこく》ができた、あるいは、大英雄や大きな君主、国王、皇帝になったと言われているんでね。

今、中国や北朝鮮が、日本軍が失敗したことをやろうとしてるように見えるし、韓国も、中国や北朝鮮、あるいは、アメリカや日本に対して、日和見《ひよりみ》をして、生き残るところにつこうとしてるように見えるというところだねえ。

いずれにしても、非常に難しいところに差し掛《か》かりましたね。

「日本の経済発展が二十五年ぐらいほとんど止まってる」っていうのは……、まあ、これは〝奇跡《きせき》的に〟止まってるというか。うーん、どうしたらこんなに止まるのか。なぜ、共産主義が発展してるのか。発展してるように見せたら、そちらがいいように見えるわねえ。ロシアのほうだって、そういう意味での迷いはないわけではないんで、中国が発展しているならね。

さあ、君たちの力で、何かができるだろうか。

7　移民は善か悪か――経済と社会の側面から

「移民が西洋のほうに行きたがるのは、豊かだから」


上村　最後に一点だけお訊《き》きしたいことがございます。

日本やアメリカといった自由主義の国がこれから発展していくためには、やはり、「移民の受け入れ」ということも考えていかないといけないと思うのです。

ただ、これについては、「イスラム教によるテロ」や、「国の一体性を損《そこ》なう」といった問題をはらんでいて、ＥＵなどでも根強い批判が渦巻《うずま》いています。

そこで、移民についてのお考えをお聞かせいただければ幸いです。

清水幾太郎　まあ……、西洋のほうに行きたがるということは、やっぱり、そちらのほうが豊かだからでしょうね。

今、イスラム教が広がっているアフリカとか、あのへんのところは、貧しい国が多いことは事実だわね。だから、貧しい国には広がりやすいんですよ。アッラーの神だけあって、あとはもう平等なんで。それに、幸福はあの世のみにあるという……、まあ、仏教も〝逃《に》げ〟に入ればそうなるんですけど。イスラム教の幸福は、「あの世に還《かえ》ったとき、来世《らいせ》に還ったときにアッラーの楽園に生まれ変われる」ということであって、この世の不幸を無視しているところはあるので、貧しい国でも広がる宗教ではあるわけです。

一方、キリスト教のほうは、新教（プロテスタント）というか、カルバンやルター以降、「経済的繁栄《はんえい》が神の栄光を表す」というように考えたために、原始キリスト教の教えに反して、「金持ちも天国に入れる余地が出てきた」わけですね。

まあ、ときどきチャリティーをやらなきゃいけませんけど、天国に入れる余地が出てきたんですよ。

だから、イスラム教から移りたい人たちは、要するに、「もっと豊かになりたい」っていうことだろうね。地中海で、船が沈《しず》むほどの人が乗って転覆《てんぷく》したりしてるにもかかわらず、ヨーロッパに渡《わた》りたい人が後《あと》を絶たないというのは、内戦があったり、飢餓《きが》があったり、殺されたり、さらわれたり、いろいろあるからでしょう。経済が弱れば、道徳も弱ってくる。食べることができなければ、人殺しも、口減らしもあるということだよね。

つまり、「貧しい」ということだよな。イスラム教国でも一部、石油が出るところだけは豊かではあるけれども、ここも、先行きはまだ分からないところがあるね。石油を無力化する動きだってないわけではなくて、アメリカでも、シェールオイルとかシェールガスとかが出てきているので、彼らは不安定にもなってるわねえ。

「移民に関しては、善悪両方あると言わざるをえない」

清水幾太郎　だから、テロリストの移民は入れたくはないけど、顔を見て区別はつかないよ、みんな同じ顔をしてるから。髭《ひげ》を生《は》やして、ターバンを巻いたら同じだし、サリーを着ても一緒《いっしょ》だし。そのへんがつらいとこだわな。

それと、先進国も「失業者」がかなり多いからねえ。その低賃金のとこに入ってこられるから。それに離婚《りこん》が流行《はや》って、母子家庭的なワーキングプアが増え、非正規雇用《こよう》も増えているからね。ここに、さらに安い労働力が入ってこられたら、もっと貧困になって、国家からの税金の持ち出しっていうか、生活保護が増えてくるから、ますます悪循環《じゅんかん》になる。どこも、ヨーロッパも財政的には〝悪循環〟が始まってるわね。「豊かさ」に憧《あこが》れて来るんだけど、「結局は、国家財政を壊《こわ》していく」っていうことが起きていくので。

人口の増加が、善の循環で富を増やしていく方向に行けば、移民は「ウェルカム」になると思うが、国の財政をさらに赤字にしたり、その国の人たちの生活を悪くしていくんだったら「拒否《きょひ》」っていうところで、このへんの筋《すじ》が、理論的にはっきり見えないところだろうね。

おまけに、〝テロリストに化《ば》ける〟かもしれないっていう。例えば、イギリスに生まれたとしても、イスラム教徒だったら、いつテロリストに変わるかも分からないっていうんだったら、これは〝怖《こわ》い〟だろうな。アメリカに生まれたとしても、イスラム教徒だったら、テロリストになるかもしれない。だから、星条旗への信仰《しんこう》みたいなのが、アッラーの神への信仰に移ったら、こう変わるっていうことであれば、怖いわねえ。

今、世界はだなあ、「無信仰の国家」と、「政治信仰国家」と、「政教分離国家」

と、このあたりで競《きそ》い合ってる状態になってるということだわな。

ともかく、移民に関しては、「善悪両方ある」ということを言わざるをえない。彼らのマイナスの部分を含《ふく》めても、要するに、国の文化が多少変わろうとも、労働人口が増えることによって、産業が発展したり、経済的に富んでいったりするということなら、受け入れられるだろう。しかし、（移民が）入ってくることによって、「治安は悪くなるわ、生活保護が増えたりして国家財政は悪くなるわ」っていうことであれば、犯罪の温床《おんしょう》になってくるだろうから。

やはり、それ自体を善悪として捉《とら》えるのは難しいことであって、それは、ちゃんとした国家戦略や、あるいは、ＥＵならＥＵの戦略、アメリカなんかの戦略があって、それが成立するかどうかの問題ではあろうね。

移民そのものの善悪は言えない。労働力がいくらでも要《い》るときには移民は必要だっただろう。アメリカの発展だって、南部の綿花地帯の発展が先にあったし、そのときは黒人奴隷《どれい》もずいぶん役に立ったんだろうと思うけど。今は、奴隷ではないけど、移民というかたちで入ってくる人たちが、低級な、きつい労働条件の仕事をどんどん取っていっているんだろうと思うんだよね。

ただ、移民でも、中華《ちゅうか》系とか韓国《かんこく》系で、アメリカなんかだったら、もうちょっと収入の高いところにまで食い込《こ》んできているところはあるんでね。

だから、「移民」って一言《ひとこと》では片付けられないな。移民のなかで、「テロリストの可能性のある移民」と、「国家財政を破綻《はたん》させる可能性のある移民」と、「国力を増進させる可能性のある移民」と、これを分ける基準はいったいどこにあるのかっていうことが明快にならなければ……。アメリカも、多様な民族を受け入れることによって発展したんだって、歴史的には、教科書ではそう教えているんだけど、次は、それがアメリカの混乱も起こし始めているわけですよ。

もし、アメリカ生まれの人が、ボストンマラソンで、爆弾《ばくだん》で吹《ふ》っ飛ばしたりするようなことになったら、それは「宗教そのものの問題」も出てくるわけで、次は、「信教の自由」が問題になってくることもある。

そういう意味で、世界は混沌《こんとん》化しつつはありますね。

君らの勢力は小さくて、このまま言論が強すぎたら、場合によっては、どこか隙《すき》を見せれば、あっという間に取り囲まれて、〝魔女狩り《まじょが》〟に遭《あ》う可能性がまだ残ってるぐらいではあろうな。「国を救うつもりが、〝魔女狩り〟に」っていうことはあるので、そのへんは、蛇《へび》のごとく賢《かしこ》くなきゃいけない面もあるかもしれないね。

移民も、入れてやりたい面もあるが、うーん、例えば、幸福の科学が移民をあまり言いすぎたことで、イスラム移民が大量に入ってきて、これがテロリストの巣窟《そうくつ》みたいになってきたら、あっという間に厳しいことになる。

（日本には）イスラム教徒も十万人ぐらいいると推定がついてるっていうがね。

キリスト教徒は、「百万人はいないい。実際は、六十万人ぐらいじゃないか」とも言われてる。これが、もし、日本のキリスト教徒とイスラム教徒の数が拮抗《きっこう》してきたら、けっこう難しいよ。あっちこっちの街角《まちかど》で衝突《しょうとつ》が起き始めるよ、このあとね。

8　日本とアメリカ、今、実行すべき項目《こうもく》とは

キリスト教の「人間・罪の子」の思想を植えつけられた日本

清水幾太郎　ただ、「日本には一パーセントしかキリスト教徒はいない」と言われてるんだけど、実質上、キリスト教徒になってる面があるんだよ。

それはどこかというと、まあ、もちろん、クリスマスを祝ったり、英語を勉強したりするところもあるけれども、もう一つは、先の第二次大戦における「罪の文化」のところだね。「人間・罪の子」っていう、キリスト教のなかの思想が入ってるんだな。クリスチャンじゃないのに、「罪の思想」っていうのが入ってるんで。もともと日本の神道《しんとう》には、「罪の思想」はないんですよ。「人間・罪の子」

の思想はないんです、日本の神道には。

ところが、キリスト教が、「人間・罪の子」の思想を、第二次大戦における日本の〝悪行《あくぎょう》の数々〟を数え上げることによって植えつけることに成功して、教科書にも入れることができることになった。これによって、ある意味で、日本神道の根本的なところが〝息を止められた〟ところがある。キリスト教は流行《はや》っていないとはいうものの、キリスト教的な考え方がけっこう入ってきてる。〝罪人《つみびと》〟をつくりたがる傾向《けいこう》が、次々と出てきてるということだな。

まあ、宗教は宗教で、〝価値観の戦争〟をずっとやってはいるんだろうけどね。

いやあ、先は厳しいよ、いずれにせよ。難しいわ。社会学は、すでに起きた事象を、あとから分析《ぶんせき》したり分類したりすることはできるけども、予言学ではないので、「こういうのは、こうなったらいい」とか、「悪い」とかいうことを言うことは難しいなあ、はっきり言ってね。これはもう、神様の領域まで入ってるわ。

「核《かく》武装しないと、日本国民は護《まも》れないよ」

酒井　本日は、まことにありがとうございました。お時間となりましたので……。

清水幾太郎　これでよかったかなあ。私も答えになってないよなあ。

酒井　まだまだ、お訊《き》きしたいことはたくさんあったのですが。

清水幾太郎　うーん、「核《かく》か、反核か」いうて、全然売れんかったのかなあ、この本（前掲《ぜんけい》『核か、反核か――社会学者・清水幾太郎の霊言《れいげん》――』）は。だけど、まあ、言いにくいけど、核武装したほうがいいよ。あのねえ、憲法なんか、もうどうでもいいよ。どっかでやっとってくれりゃいいんだよ。もう憲法はいいんだ。憲法は、どっかで議論しとりゃいいよ。〝高天原《たかまがはら》〟で議論してたらええよ。

三菱《みつびし》重工でも川崎《かわさき》重工でも何でもいいから、どっかの倉庫のなかでねえ、もう核兵器をつくっといてくださいよ。そうしないと、日本国民、一億二千七百万は護《まも》れないよ、ほんとに。

いざというときは、ほんと……。〝カンフー〟ではね、〝銃《じゅう》〟に勝てなかったんだ。〝日本刀〟でも、〝機関銃〟には勝てなかったんだ。先の日本の戦いを見たらね、南の島で、銃剣《じゅうけん》でやってたけど、最後、弾《たま》が尽《つ》きたら、みんな日本刀を抜《ぬ》いてバンザイ突撃《とつげき》。「天皇陛下《へいか》、バンザーイ！」突撃。それに対して、機関銃で、マシンガンで、十字砲火《ほうか》で、バーッと皆殺《みなごろ》し。こればっかりでしょ？

あるいは、清朝《しんちょう》末期からの中国を見たら、みんな、カンフーを一生懸命《いっしょうけんめい》やってる。カンフーの党派で争って、「どこがいちばん強いか」なんてやってる。あんなの、拳銃《けんじゅう》で撃《う》たれて、みんなコロコロ死んでいる。全然勝てない。植民地になってる。カンフーでは勝てないですよ、銃には。

だからね、文明の発達速度が上の者には、後《おく》れてる者は勝てないんだよ。

伝統とか、従来のしきたり、慣習とかにこだわりすぎて……、まあ、それも「保守」ですけどね。保守もいいけど、古いしきたりばっかりにとらわれて、新しいことをやるのを拒《こば》み続けたら。例えば、京都だって保守だけど、左翼《さよく》ですよね。そういうふうな、〝アンチ東京〟が左翼になってしまっていますけど。

昔の日本の伝統を守るっていうことで、「刀」にこだわっていたら、「マシンガン」には絶対勝てなかった。「対空砲火の砲弾《ほうだん》」だけに頼《たよ》っていたら、砲弾は届かない、一万メートルからの「B29の絨毯爆撃《じゅうたんばくげき》」には勝てなかった。さらには、「核兵器・核爆弾」には勝てなかった。

広島、長崎《ながさき》が、核爆弾を落とされて、「もう二度とごめんだ」と言っている。

それなら、広島、長崎にだけでもいいから、核ミサイル基地をつくって、「攻撃《こうげき》するんなら、撃ち返すぞ！」と言ったらいいよ。これは非常に合理性があると、私は思うよ。広島と長崎に核ミサイル基地をつくって、「北朝鮮《きたちょうせん》が撃ってくるんなら、中国が撃ってくるんなら、撃ち返す。そっちも一回、味わってみろ」というぐらいやりゃあいいと思いますね。

もう政府が駄目《だめ》だから、国会が議論しても駄目なんで、どこでもいいから、国民を護るための〝秘密結社〟でいいから、どこかでちゃんとつくっといたほうがいいよ。「日本は核ミサイルを百発ぐらい持ってます。核爆弾だって持ってますよ。いざというときは落とせます」と言えるだけでいいんです。

あのね、科学技術的に後れてるところは、進んだところに絶対勝てないんですよ。今、（日本は）北朝鮮に負けようとしてる。完全に抜き去られようとしてるので。本当か嘘《うそ》かは知らないけど、正月に、「水爆の実験までした」と言ってるんですよ。

日本が水爆から生み出したのは、ゴジラだけですよ。ゴジラ映画でちょっと儲《もう》けた。日本の発明っていったら、ゴジラぐらいですよ。アメリカでも暴《あば》れた映画をつくった。だけど、それ以上、行かないよね。

もし、本当に、北朝鮮が水爆を実戦配備できるということになったら、もう国連常任理事国と同じですよ。何にも警戒《けいかい》していないときに、上空に飛んできて、ポトンと落とされたら、それで終わりです。降参しますよ。降伏《こうふく》ですよ。「大阪《おおさか》に落とされました。三百万人死にました。東京に落とされました。五百万人死にました」なんてことになったら、たまったもんじゃないですよ。

だからねえ、まあ、国民に知らさなくてもいいから、勇気を持って（核兵器を）開発する人はいたほうがいいと思う。

アメリカはMOABを北朝鮮《きたちょうせん》に使って、戦意をなくすような攻撃《こうげき》を

清水幾太郎　それから、トランプさんはねえ、「最初から核兵器を使う」のは、マスコミが許さないんで、大変だろうから使えないけど、トマホークなんか撃《う》ったって……。

まあ、もし、あっちから核兵器を撃ち返してこられたら、同盟国がすごい被害《ひがい》を受けるので、できないだろうけど。せめて、五百メートル四方《しほう》の酸素が〝蒸《じょう》発《はっ》〟して、生きているものがいなくなるようなものとか……。●この前、アフガニスタンに落としましたよね？　シリアへのトマホークの次に。あのあたりをねえ、少なくとも、まず最初に戦略爆撃機《ばくげきき》で、今、三角形のUFOみたいな、グアムから飛ぶの（B-2）がありますけど、四時間ぐらいで飛びますよね。先制攻撃《こうげき》するんなら、核ではないけど極《きわ》めて核兵器に近いやつを、いきなり何発か北朝鮮《きたちょうせん》の

●この前……　MOAB（大規模爆風爆弾）のこと。通常兵器の爆弾としては、最大の破壊力を持つ。

大都市に落として、戦意をなくすところまで一発で叩《たた》かなければ。トマホークじゃ駄目ですよ。そのくらいやる勇気がないといけない。

アメリカは、もしこれができなかったら、超《ちょう》大国からは撤退《てったい》になって、アメリカやイギリス、ドイツ、フランス、中国、インド、北朝鮮、イスラエル、こんなような強国が〝群雄割拠《ぐんゆうかっきょ》する世界〟に入って、日本には、どの国の属国になるかという選択肢《せんたくし》しか残らないということです。これは、いずれ避《さ》けられない。

世界大戦になる恐《おそ》れはある。その恐怖《きょうふ》はあります。しかしながら、決断するんなら、トランプさんは、決断してほしいと思います。

（ドナルド・トランプ氏は）「ジョージ・ワシントンの生まれ変わりだ」と言われてるんでしょう？（『アメリカ合衆国建国の父　ジョージ・ワシントンの霊言』〔幸福の科学出版刊〕参照）ジョージ・ワシントンっていうのは、イギリスから見たらいい人じゃないですよ。アメリカ独立運動を起こした、〝ゲリラの総本山《そうほんざん》〟

みたいな方ですから。反母国の闘争《とうそう》をやった反乱軍の首領が、ジョージ・ワシントンですよ。

それで見るんなら、国際秩序《ちつじょ》もへったくれもないんであって、もう、敵だと見たらやっつけるという〝バンディット（無法者）精神〟っていうか、〝海賊《かいぞく》精神〟を発揮して、「こいつは悪いやっちゃ」と決めつけてやるなら、ガチンコやっていただきたいですね。

「ワシントンでも届くかもしれない」と脅《おど》されて、それを放置するなんてことは、アメリカにあってはならない。もうアメリカを信用する国はなくなるよ。

今、経済的に閉鎖《へいさ》貿易をやって、アダム・スミスまで否定して、「一国孤立《こりつ》主義に入ろう」としているんだから、「アメリカの最期《さいご》」が来るかもしれない。アメリカの信頼《しんらい》を回復するために、やっぱり、〝悪人〟と言われても、もう一段やるべきことをやらないと、日本だって心が離《はな》れてしまう可能性があるよ。

でも、次は、おそらく「中国の天下」で、北朝鮮は〝中国の一番弟子《でし》〟ということになる。その世界を受け入れるのかどうかということを、国民は決めなきゃいけない。

私は、かつて日本国民であった者として、トランプ大統領には、一刻も早く、できるだけ短い間で強大な破壊力《はかいりょく》を示して、戦意をなくすような攻撃をしてほしいと思います。

それが遅《おく》れれば遅れるほど、もうどうにもならない段階まで、状況《じょうきょう》は突《つ》き進むというふうに考えております。

清水幾太郎も、幸福の科学の一端《いったん》を担《にな》いました。左翼の方、どうぞ〝攻撃〟してください。霊言は、以上です。

酒井　はい。本日は、まことにありがとうございました。

9　高天原《たかまがはら》の神々の代言《だいげん》をされた清水幾太郎

大川隆法　（手を一回叩《たた》く）まあ、難しい問題ですね。新聞の社説を書くような人たちを論破しなければいけないような問題なので、難しいと思います。

それに、八月という時期も悪いですね。またしても反戦運動が繰《く》り広げられるので、安倍《あべ》政権としては、支持率が落ちているときに、またつらい時期に突入《とつにゅう》していきます。その時期に、私自身は東京ドームの講演会で、どこまで言えばよいのでしょうか。

とにかく、清水先生は肉体がないこともあって、神々の一部の姿を変化させて、言うべきことを述べられました。「高天原《たかまがはら》の代言《だいげん》」をされたのではないかと思います。

なお、五年前の霊言《れいげん》は、書籍《しょせき》のタイトルを『核《かく》か、反核か』にして出版したので、「清水幾太郎の意見」ということが、表紙からははっきりと見えませんでした。

また、渡部昇一《わたなべしょういち》先生も言論人と言ってよいのですが、最近まで地上で活躍《かつやく》されていたので、まだそれほど権威《けんい》がないと思われます。

そういう意味で、清水幾太郎先生としての新霊言も一つ、この時期に出させていただいたほうがよいのではないかと思います。

質問者一同　ありがとうございました。

あとがき

言論というものは、その初めは小さくとも、段々に波及的《はきゅうてき》効果を起こしていくものである。

この小著も、「たかが一新宗教《いちしんしゅうきょう》の、アブナイ、イタコ芸《げい》だろう。」と一笑に付《ふ》すこともできよう。ただ私は、この道一筋、四十年近い歳月、魂を削《けず》ってこの仕事に打ち込んできた。しかも、基本的に嘘《うそ》がつけない性格である。

今、多くの読者に問う。「あなた方《がた》は、日本に救世主《きゅうせいしゅ》が生まれていることを信じられるか。」

答えが、「イエス」であるか「ノー」であるかによって、日本の未来も、人類の未来史も変わるだろう。

言論の自由、出版の自由、思想の自由、信教の自由を認める宗教家が、そうした自由を認めない国家の政策を批判しているのだということを、どうか認識されたい。

二〇一七年　七月二十一日

幸福《こうふく》の科学《かがく》グループ創始者兼総裁《そうししゃけんそうさい》　大川隆法《おおかわりゅうほう》

『戦後保守言論界のリーダー　清水幾太郎の新霊言』大川隆法著作関連書籍

『正義の法』（幸福の科学出版刊）
『朝の来ない夜はない』（同右）
『永遠なるものを求めて』（同右）
『核か、反核か――社会学者・清水幾太郎の霊言――』（同右）
『天才作家　三島由紀夫の描く死後の世界』（同右）
『日米安保クライシス――丸山眞男 vs. 岸信介――』（同右）
『アメリカ合衆国建国の父　ジョージ・ワシントンの霊言』（同右）
『国軍の父・山県有朋の具体的国防論』（同右）
『政治の意味』（大川隆法・大川裕太　共著　同右）

戦後《せんご》保守《ほしゅ》言論界《げんろんかい》のリーダー
清水幾太郎《しみずいくたろう》の新霊言《しんれいげん》

2017年7月22日　初版第1刷
2017年8月17日　第2刷

著者　大《おお》川《かわ》隆《りゅう》法《ほう》

発行所　幸福の科学出版株式会社
〒107-0052 東京都港区赤坂2丁目10番14号
TEL(03)5573-7700
http://www.irhpress.co.jp/

印刷・製本　株式会社 研文社

落丁・乱丁本はおとりかえいたします

ISBN978-4-86395-930-9 C0030
カバー・本文写真：共同通信社

大川隆法 霊言シリーズ・保守の言論人・作家に訊く

核か、反核か

社会学者・清水幾太郎の霊言

左翼勢力の幻想に、日本国民はいつまで騙されるのか？ 左翼から保守へと立場を変えた清水幾太郎が、反核運動の危険性を分析する。

1,400円

渡部昇一 日本への申し送り事項

死後 21 時間、復活のメッセージ

「知的生活」の伝道師として、また「日本の誇りを取り戻せ」運動の旗手として活躍してきた「保守言論界の巨人」が、日本人に託した遺言。

1,400円

天才作家 三島由紀夫の描く 死後の世界

あの壮絶な死から約 40 年――。自決の真相、死後の行き先、国家存亡の危機に瀕する現代日本に何を思うのか。ついに明かされる三島由紀夫の本心。

1,400円

※表示価格は本体価格（税別）です。

大川隆法霊言シリーズ・日本の国防を考える

国軍の父・山県有朋の具体的国防論

憲法９条をどうする？　核装備は必要か？　国を護る気概とは？　緊迫する国際情勢のなか、「日本の最高軍神」が若い世代の素朴な疑問に答える。

1,400円

秋山真之の日本防衛論

同時収録 乃木希典・北一輝の霊言

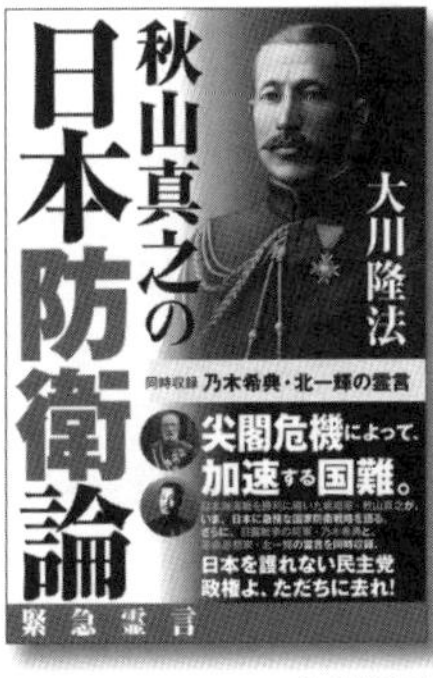

日本海海戦を勝利に導いた天才戦略家・秋山真之が、国家防衛戦略を語る。さらに、日露戦争の将軍・乃木希典と、革命思想家・北一輝の霊言を同時収録！【幸福実現党刊】

1,400円

「戦えない国」をどう守るのか　稲田朋美防衛大臣の守護霊霊言

もし北朝鮮が核ミサイルを発射したら、政府は国民を守れるのか!?「中国の軍拡」に対する国防戦略とは？　稲田防衛大臣の驚くべき本音に迫る。

1,400円

大川隆法 霊言シリーズ・世界の政治指導者の本心

守護霊インタビュー ドナルド・トランプ アメリカ復活への戦略

英語霊言 日本語訳付き

過激な発言で「トランプ旋風」を巻き起こした選挙戦当時、すでにその本心は明らかになっていた。トランプ大統領で世界がどう変わるかを予言した一冊。

1,400円

ロシアの本音 プーチン大統領守護霊 vs. 大川裕太

「安倍首相との交渉は、〝ゼロ〟に戻った」。日露首脳会談が失敗に終わった真相、そして「日露平和条約締結」の意義をプーチン守護霊が本音で語る。

1,400円

緊急・守護霊インタビュー 台湾新総統 蔡英文の未来戦略

台湾新総統・蔡英文氏の守護霊が、アジアの平和と安定のために必要な「未来構想」を語る。アメリカが取るべき進路、日本が打つべき一手とは？

1,400円

※表示価格は本体価格（税別）です。

大川隆法 霊言シリーズ・世界の政治指導者の本心

危機の中の北朝鮮 金正恩の守護霊霊言

北朝鮮は本当にアメリカと戦うつもりなのか？　追い詰められた「独裁者の本心」と「対トランプ戦略」３つのシナリオが明らかに。そのとき日韓は？

1,400円

文在寅《ムンジェイン》 韓国新大統領 守護霊インタビュー

韓国が「東アジアの新たな火種」となる!? 文在寅新大統領の驚くべき本心と、その国家戦略が明らかに。「ムッソリーニの霊言」を特別収録。

1,400円

中国と習近平に未来はあるか

反日デモの謎を解く

「反日デモ」も、「反原発・沖縄基地問題」も中国が仕組んだ日本占領への布石だった。緊迫する日中関係の未来を習近平氏守護霊に問う。【幸福実現党刊】

1,400円

幸福の科学出版

大川隆法 霊言シリーズ・先の大戦と戦後体制を検証する

原爆投下は人類への罪か？

公開霊言 トルーマン ＆Ｆ・ルーズベルトの新証言

なぜ、終戦間際に、アメリカは日本に２度も原爆を落としたのか？「憲法改正」を語る上で避けては通れない難題に「公開霊言」が挑む。【幸福実現党刊】

1,400 円

マッカーサー 戦後65年目の証言

マッカーサー・吉田茂・山本五十六・鳩山一郎の霊言

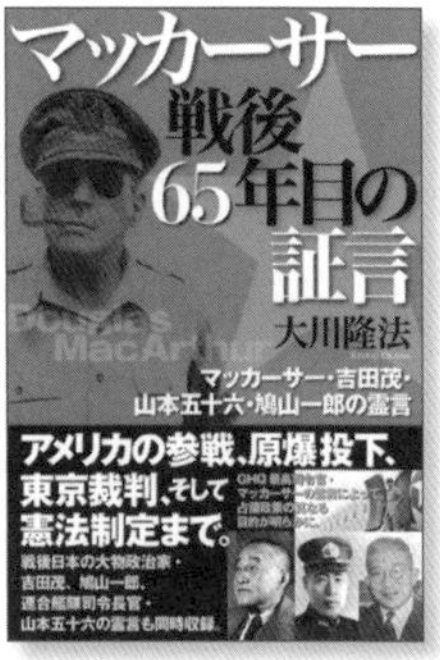

GHQ最高司令官・マッカーサーの霊によって、占領政策の真なる目的が明かされる。日本の大物政治家、連合艦隊司令長官の霊言も収録。

1,200 円

日米安保クライシス

丸山眞男 vs. 岸信介

「60年安保」を闘った、左翼系政治学者・丸山眞男と元首相・岸信介による霊言対決。二人の死後の行方に審判がくだる。

1,200円

※表示価格は本体価格（税別）です。

大川隆法ベストセラーズ・日本の取るべき道を示す

永遠なるものを求めて

人生の意味とは、国家の理想とは

北朝鮮のミサイルに対し何もできない〝平和ボケ日本〟にNO！人間としての基本的な生き方から、指導者のあり方、国家のあり方までを最新提言。

1,500円

繁栄への決断

「トランプ革命」と日本の「新しい選択」

ＴＰＰ、対中戦略、ロシア外交、ＥＵ危機……。「トランプ革命」によって激変する世界情勢のなか、日本の繁栄を実現する「新しい選択」とは？

1,500円

世界を導く日本の正義

20年以上前から北朝鮮の危険性を指摘してきた著者が、抑止力としての日本の「核装備」を提言。日本が取るべき国防・経済の国家戦略を明示した一冊。

1,500円

大川隆法「法シリーズ」・**最新刊**

伝道の法

人生の「真実」に目覚める時

法シリーズ
第23作

人生の悩みや苦しみは
どうしたら解決できるのか。
世界の争いや憎しみは
どうしたらなくなるのか。
ここに、ほんとうの「答え」がある。

2,000円

第１章　心の時代を生きる ── 人生を黄金に変える「心の力」
第２章　魅力ある人となるためには ── 批判する人をもファンに変える力
第３章　人類幸福化の原点 ── 宗教心、信仰心は、なぜ大事なのか
第４章　時代を変える奇跡の力 ── 危機の時代を乗り越える「宗教」と「政治」
第５章　慈悲の力に目覚めるためには ── 一人でも多くの人に愛の心を届けたい
第６章　信じられる世界へ ── あなたにも、世界を幸福に変える「光」がある

幸福の科学出版

幸福の科学グループのご案内

宗教、教育、政治、出版などの活動を通じて、地球的ユートピアの実現を目指しています。

幸福の科学

一九八六年に立宗。信仰の対象は、地球系霊団の最高大霊、主エル・カンターレ。世界百カ国以上の国々に信者を持ち、全人類救済という尊い使命のもと、信者は、「愛」と「悟り」と「ユートピア建設」の教えの実践、伝道に励んでいます。

（二〇一七年八月現在）

愛

幸福の科学の「愛」とは、与える愛です。これは、仏教の慈悲《じひ》や布施《ふせ》の精神と同じことです。信者は、仏法真理をお伝えすることを通して、多くの方に幸福な人生を送っていただくための活動に励んでいます。

悟り

「悟り」とは、自らが仏の子であることを知るということです。教学《きょうがく》や精神統一によって心を磨き、智慧《ちえ》を得て悩みを解決すると共に、天使・菩薩《ぼさつ》の境地を目指し、より多くの人を救える力を身につけていきます。

ユートピア建設

私たち人間は、地上に理想世界を建設するという尊い使命を持って生まれてきています。社会の悪を押しとどめ、善を推し進めるために、信者はさまざまな活動に積極的に参加しています。

国内外の世界で貧困や災害、心の病で苦しんでいる人々に対しては、現地メンバーや支援団体と連携して、物心両面にわたり、あらゆる手段で手を差し伸べています。

年間約３万人の自殺者を減らすため、全国各地で街頭キャンペーンを展開しています。

公式サイト **www.withyou-hs.net**

ヘレン・ケラーを理想として活動する、ハンディキャップを持つ方とボランティアの会です。視聴覚障害者、肢体不自由な方々に仏法真理を学んでいただくための、さまざまなサポートをしています。

公式サイト **www.helen-hs.net**

教育

ハッピー・サイエンス・ユニバーシティ
Happy Science University

ハッピー・サイエンス・ユニバーシティとは

ハッピー・サイエンス・ユニバーシティ（HSU）は、大川隆法総裁が設立された「現代の松下村塾」であり、「日本発の本格私学」です。
建学の精神として「幸福の探究と新文明の創造」を掲げ、
チャレンジ精神にあふれ、新時代を切り拓く人材の輩出を目指します。

学部のご案内

人間幸福学部

人間学を学び、新時代を切り拓くリーダーとなる

経営成功学部

企業や国家の繁栄を実現する、起業家精神あふれる人材となる

未来産業学部

新文明の源流を創造するチャレンジャーとなる

HSU長生キャンパス
〒299-4325
千葉県長生郡長生村一松丙 4427-1
TEL **0475-32-7770**

未来創造学部

時代を変え、未来を創る主役となる

政治家やジャーナリスト、ライター、俳優・タレントなどのスター、映画監督・脚本家などのクリエーター人材を育てます。4年制と短期特進課程があります。

・4年制
1年次は長生キャンパスで授業を行い、2年次以降は東京キャンパスで授業を行います。

・短期特進課程（2年制）
1年次・2年次ともに東京キャンパスで授業を行います。

HSU未来創造・東京キャンパス
〒136-0076
東京都江東区南砂2-6-5
TEL **03-3699-7707**

幸福の科学グループの教育・人材養成事業

学校法人
幸福の科学学園

学校法人　幸福の科学学園は、幸福の科学の教育理念のもとにつくられた教育機関です。人間にとって最も大切な宗教教育の導入を通じて精神性を高めながら、ユートピア建設に貢献する人材輩出を目指しています。

幸福の科学学園

中学校・高等学校（那須本校）
2010年4月開校・栃木県那須郡（男女共学・全寮制）
TEL **0287-75-7777**
公式サイト **happy-science.ac.jp**

関西中学校・高等学校（関西校）
2013年4月開校・滋賀県大津市（男女共学・寮及び通学）
TEL **077-573-7774**
公式サイト **kansai.happy-science.ac.jp**

仏法真理塾「サクセスNo.1」 TEL **03-5750-0747**（東京本校）

小・中・高校生が、信仰教育を基礎にしながら、「勉強も『心の修行』」と考えて学んでいます。

不登校児支援スクール「ネバー・マインド」 TEL **03-5750-1741**
心の面からのアプローチを重視して、不登校の子供たちを支援しています。
また、障害児支援の**「ユー・アー・エンゼル！」運動**も行っています。

エンゼルプランV TEL **03-5750-0757**
幼少時からの心の教育を大切にして、信仰をベースにした幼児教育を行っています。

シニア・プラン21 TEL **03-6384-0778**
希望に満ちた生涯現役人生のために、年齢を問わず、多くの方が学んでいます。

NPO 活動支援

ブログ **blog.mamoro.org**

いじめから子供を守ろうネットワーク

学校からのいじめ追放を目指し、さまざまな社会提言をしています。また、各地でのシンポジウムや学校への啓発ポスター掲示等に取り組む一般財団法人「いじめから子供を守ろうネットワーク」を支援しています。

公式サイト **mamoro.org**
相談窓口 **TEL.03-5719-2170**

政治

幸福実現党

内憂外患《ないゆうがいかん》の国難に立ち向かうべく、2009年5月に幸福実現党を立党しました。創立者である大川隆法党総裁の精神的指導のもと、宗教だけでは解決できない問題に取り組み、幸福を具体化するための力になっています。

幸福実現党 釈量子サイト
shaku-ryoko.net

Twitter
釈量子@shakuryoko
で検索

党の機関紙
「幸福実現NEWS」

幸福実現党　党員募集中

あなたも幸福を実現する政治に参画しませんか。

○ 幸福実現党の理念と綱領、政策に賛同する18歳以上の方なら、どなたでも参加いただけます。
○ 党費：正党員（年額5千円［学生 年額2千円］）、特別党員（年額10万円以上）、家族党員（年額2千円）
○ 党員資格は党費を入金された日から1年間です。
○ 正党員、特別党員の皆様には機関紙「幸福実現NEWS（党員版）」が送付されます。

＊申込書は、下記、幸福実現党公式サイトでダウンロードできます。
住所：〒107-0052　東京都港区赤坂2-10-8 6階 幸福実現党本部
TEL **03-6441-0754**　FAX **03-6441-0764**
公式サイト **hr-party.jp**　若者向け政治サイト **truthyouth.jp**

幸福の科学出版

出版メディア事業

大川隆法総裁の仏法真理の書を中心に、ビジネス、自己啓発、小説など、さまざまなジャンルの書籍・雑誌を出版しています。他にも、映画事業、文学・学術発展のための振興事業、テレビ・ラジオ番組の提供など、幸福の科学文化を広げる事業を行っています。

アー・ユー・ハッピー？
are-you-happy.com

ザ・リバティ
the-liberty.com

幸福の科学出版
TEL **03-5573-7700**
公式サイト **irhpress.co.jp**

THE FACT

ザ・ファクト
マスコミが報道しない
「事実」を世界に伝える
ネット・オピニオン番組

Youtubeにて
随時好評
配信中！

ザ・ファクト 検索

芸能文化事業

NEW STAR PRODUCTION

ニュースター・プロダクション

「新時代の"美しさ"」を創造する芸能プロダクションです。2016年3月に映画「天使に"アイム・ファイン"」を、2017年5月には映画「君のまなざし」を公開しています。

公式サイト **newstarpro.co.jp**

ARI Production

ARI《アリ》 Production《プロダクション》

タレント一人ひとりの個性や魅力を引き出し、「新時代を創造するエンターテインメント」をコンセプトに、世の中に精神的価値のある作品を提供していく芸能プロダクションです。

公式サイト **aripro.co.jp**

幸福の科学　入会のご案内

あなたも、ほんとうの幸福を
見つけてみませんか？

幸福の科学では、大川隆法総裁が説く仏法真理をもとに、
「どうすれば幸福になれるのか、また、
他の人を幸福にできるのか」を学び、実践しています。

入会

大川隆法総裁の教えを信じ、学ぼうとする方なら、どなたでも入会できます。入会された方には、『入会版「正心法語」』が授与されます。（入会の奉納は1,000円目安です）

ネットでも**入会**
できます。詳しくは、
下記URLへ。
happy-science.jp/joinus

三帰《さんき》誓願《せいがん》

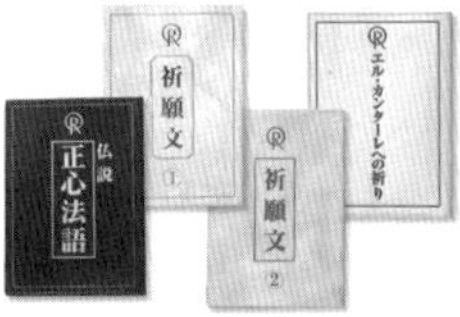

仏弟子としてさらに信仰を深めたい方は、仏・法・僧の三宝への帰依を誓う「三帰誓願式」を受けることができます。三帰誓願者には、『仏説・正心法語』『祈願文①』『祈願文②』『エル・カンターレへの祈り』が授与されます。

植福《しょくふく》の会

植福は、ユートピア建設のために、自分の富を差し出す尊い布施の行為です。布施の機会として、毎月1口1,000円からお申込みいただける、「植福の会」がございます。

ご希望の方には、幸福の科学の小冊子（毎月1回）をお送りいたします。詳しくは、下記の電話番号までお問い合わせください。

月刊「幸福の科学」　ザ・伝道　ヤング・ブッダ　ヘルメス・エンゼルズ　What's 幸福の科学

INFORMATION
幸福の科学サービスセンター
TEL. 03-5793-1727（受付時間 火～金：10～20時／土・日・祝日：10～18時）
幸福の科学 公式サイト **happy-science.jp**